LA CUISINE AU WOK

© Copyright 1991 Phidal
© Copyright 1982 Fisher Publishing Inc.

ISBN 2-89393-129-4

Phidal

Imprimé en Espagne

Des Légumes

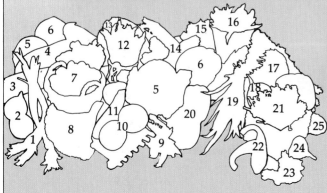

1. Échalotes
2. Oignons rouges
3. Bok Choy
4. Aubergine
5. Chou vert
6. Chou rouge
7. Champignons
8. Brocoli
9. Pois des neiges ou haricots mange-tout
10. Tomates

Pour Votre Wok

11. Courgette
12. Asperges
13. Chou chinois
14. Épis de maïs
15. Radis

16. Haricots verts
17. Chou-fleur
18. Oignon blanc
19. Carottes
20. Poivrons verts

21. Champignons Enoki
22. Courge torticolis
23. Racine de gingembre
24. Ail
25. Courge plate

Comment utiliser un Wok

Depuis la parution des premiers livres sur la cuisine au wok, beaucoup ont été écrits sur le sujet et je désire partager avec vous ces nouvelles découvertes, qui ont su prendre une place de premier choix dans ma vie. Voici donc une collection de recettes contemporaines, entièrement nouvelles. Toutes sont préparées avec un wok en utilisant des méthodes orientales rapides et faciles. Quelques-unes sont orientales, mais la plupart sont issues d'une grande variété de cuisines. Ces recettes sont conçues pour toute personne qui apprécie une bonne nourriture, comme une paella espagnole, un gumbo créole, un poulet frit à 2 reprises et un maïs picadillo. Vous y trouverez également des assiettes de fruits de mer, des plats internationaux et des desserts délicieux.

Dans ma cuisine équipée d'un wok, des méthodes de cuisson rapides et faciles ont remplacé avantageusement les méthodes plus laborieuses utilisées par ma mère et par sa mère avant elle. Ces méthodes sont susceptibles d'être utilisées dans d'autres cuisines comme vous le verrez dans les pages qui suivent. De plus, les ingrédients qui avaient la réputation d'être exotiques et difficiles à trouver voici quelques années, s'entassent maintenant sur les étagères des supermarchés. Ils ajoutent une nouvelle dimension à la planification des menus et du « piment » à l'exécution de repas simples.

Un wok peut être à la fois un économiseur de temps et d'argent. J'ai appris que cette poêle-marmite extraordinaire peut aider à réaliser certains buts personnels — de ces choses dont on rêve dans la vie.

Bien sûr, cette affirmation peut paraître une exagération insensée, mais croyez-moi, ce n'est pas le cas. Dites-moi, quelles sont donc ces choses que vous désirez très fort ? Une taille plus élégante ? Des enfants en bonne santé ? Des heures de loisir ? Du temps pour vous amuser et des occasions d'être en compagnie de vos amis ? Une bonne manière d'obtenir tout cela est de commencer à utiliser un wok.

Cuire au wok est une façon ingénieuse d'acquérir une apparence svelte. Grâce à la variété et à l'adaptabilité de la cuisson au wok, vous pouvez perdre des kilos superflus presque sans essayer. La cuisson « sautée » et la cuisson « à la vapeur » donneront des repas nutritifs, savoureux et non engraissants. Vous aimerez la nourriture ainsi apprêtée — son goût, l'effet que cette alimentation produira sur vous et spécialement l'apparence qu'elle vous donnera. Bien que les recettes contenues dans ce volume n'aient pas été conçues pour des personnes au régime, vous pourrez vous permettre de les déguster sans aucun sentiment de culpabilité. Elles sont en effet plus faibles en calories et plus saines que les aliments apprêtés d'une manière différente.

Des enfants en bonne santé ? Maintenant c'est facile. Tous les enfants raffolent d'une nourriture qui semble particulièrement appétissante. Il arrive même que certains d'entre eux refusent de manger des aliments dénués de couleur. La cuisine au wok les rend aussi appétissants que nourrissants. La forte chaleur dégagée lorsqu'on fait sauter ou frire des aliments au wok emprisonne rapidement leurs sucs naturels. Elle retient également les éléments nutritifs nécessaires à une bonne santé. La cuisson à la vapeur préserve la fraîcheur, la saveur et la couleur naturelle des aliments. Les vitamines et les minéraux solubles dans l'eau ne sont pas perdus à la cuisson, mais restent dans les aliments. Et encore mieux, ces trois méthodes de cuisson donnent comme résultats des repas qui ont un goût tout à fait extraordinaire. Qui peut résister à une telle merveille ? Mes enfants y succombent, et j'ai la certitude que les vôtres feraient de même.

Maintenant parlons loisirs : lorsque vous achetez un wok, vous vous achetez du temps. Le temps de vous détendre et de jouir de la présence de ceux que vous aimez. La cuisson au wok est rapide. Les recettes nécessitent généralement un certain nombre de denrées essentielles, qui se conservent d'une visite à l'autre à votre supermarché. La versalité de la cuisine au wok est telle que plusieurs des ingrédients peuvent être utilisés de différentes façons avec, à chaque fois, des résultats complètement différents. En un rien de temps, la cuisine au wok dégage des odeurs intrigantes et produit des textures variées. Le résultat : des mets succulents, obtenus sans se presser et avec très peu d'efforts.

Servir une très bonne alimentation aux siens est encore l'un des meilleurs moyens de jouir de sa famille, de garder ses vieux amis et de s'en faire de nouveaux. La préparation des aliments au wok rend tout ceci possible et économique. Elle s'effectue rapidement, mais a un petit air de fête incontestable, et le coût en est assez bas pour permettre l'abondance. Avec un wok pour vous donner un coup de main, vous pourrez vous détendre et profiter au maximum de la présence de vos amis, de la nourriture et de la conversation.

Avant tout, il faut dire que les personnes qui ont essayé ces recettes les ont jugées délicieuses. Elles ont été réalisées dans le but de vous permettre de préparer des repas savoureux.

L'équipement complémentaire du Wok

Le wok est l'ustensile traditionnel de cuisson en Orient. Il peut être utilisé pour faire cuire presque n'importe quelle nourriture ou pour cuire plusieurs aliments à la fois. Plus que n'importe quel autre ustensile, il offre une grande surface de cuisson. La forme sphérique distribue la chaleur uniformément et ainsi il n'y a pas d'endroits qui ne soient pas chauds sur la surface. Et comme il est largement ouvert, il est facile d'y remuer et d'y mélanger les ingrédients.

Le wok peut être vendu avec un support à vapeur, une spatule de style oriental et une cuillère pour remuer. Si ces ustensiles ne sont pas fournis avec votre wok, il est facile de les acheter séparément ou d'utiliser une cuillère de bois ou de métal perforée que vous possédez déjà. Vous aurez peut-être besoin de vous procurer un thermomètre à friture ou à bonbon et un couperet lourd.

On trouve sur le marché des woks de différentes tailles, entre 2 et 6 litres. Si vous recevez beaucoup, le plus grand wok rendra la préparation des repas plus facile. Mais pour la plupart des individus et des familles, le wok de 3 litres est amplement suffisant.

Tous les woks sont faits de la même façon avec un fond arrondi. La majorité sont vendus avec un couvercle en forme de dôme, qui s'avère indispensable pour cuire à la vapeur. Les poignées du wok ainsi que les boutons du dôme peuvent être en métal, en plastique résistant à la chaleur, en bois ou en bois recouvert de métal. Les woks à fond arrondi possèdent un anneau de métal que l'on achète souvent séparément. Les woks à fond plat peuvent être placés directement sur l'élément du poêle. Les woks électriques possèdent un contrôle de température qui permet de déterminer et d'obtenir exactement la température que vous désirez, éliminant ainsi la nécessité d'utiliser un thermomètre.

La préparation du wok avant usage

Les fabricants enduisent les woks d'huile à machine afin d'empêcher la rouille. Avant d'utiliser le wok, retirez complètement cette huile, en faisant tremper le wok une heure dans une eau savonneuse chaude. Ajoutez de l'eau bouillante de temps en temps pour que l'eau reste chaude. Égouttez, puis utilisez un tampon à récurer pour nettoyer l'intérieur et l'extérieur. Rincez-le à l'eau chaude courante. Placez le wok sur sa base et séchez le métal à feu moyen. Laissez le wok sur le feu. Versez-y une cuillère à café d'huile d'arachide ou d'huile végétale. (excepté l'huile de maïs qui s'enflamme à une température plus basse que les autres huiles). Frottez l'huile à l'intérieur du wok avec des serviettes de papier. Tenez les serviettes avec des pincettes de cuisine si l'huile devient trop chaude. Répétez l'huilage et le frottage plusieurs fois. Essuyez avec une serviette en papier propre.

Après avoir utilisé le wok, lavez-le dans de l'eau chaude savonneuse pour retirer toutes les particules de nourriture y adhérant.

Séchez le wok chaque fois qu'il a été utilisé pour cuire à la vapeur. Essuyez avec une serviette en papier. Placez-le à feu moyen pour enlever toute trace d'humidité sur le métal. Frottez l'intérieur avec une cuillère à café d'huile en utilisant une serviette en papier.

Si vous avez un wok électrique, suivez les directives du fabricant pour la préparation et le nettoyage. *Retirez le cordon avant de nettoyer ou d'immerger un wok électrique dans l'eau. Si votre wok*

laver la vaisselle. Le couvercle en aluminium doit
être lavé à la main et essuyé immédiatement après
usage pour garder son lustre.

Méthodes de cuisson au wok

Toutes les délicieuses recettes de ce livre sont
préparées dans un wok, en utilisant des méthodes
orientales faciles et rapides. Utilisez la méthode
qui convient le mieux à la nourriture que vous
préparerez.

CUISINE SAUTÉE : Utilisez une spatule de métal
pour wok ou une cuillère en bois pour sauter,
soulever et retourner à feu vif les aliments coupés
en cubes, déchiquetés ou hachés. Utilisez juste
assez d'huile pour éviter que la nourriture ne colle
au wok. Faites cuire jusqu'à ce que tous les
ingrédients soient tendres et croquants.

La cuisine sautée est facile et les résultats
spectaculaires.

La plupart des modes d'emploi donnés pour la
cuisine sautée prétendent qu'à cause de la rapidité
de ce genre de cuisson on doit obligatoirement
tout avoir sous la main avant de commencer.
C'est certainement la meilleure méthode,
mais si un ingrédient manque ou est oublié,
tout n'est pas perdu. Si cela se produit,
retirez le wok du feu et retournez vivement
les ingrédients pour les refroidir et ralentir le
processus de cuisson. Si l'ingrédient oublié doit
être haché ou même si vous devez envoyer
quelqu'un le chercher chez l'épicier du coin, ce
n'est pas la catastrophe. Transférez simplement la
nourriture partiellement cuite dans un plat
jusqu'au moment où vous serez prêt à
recommencer la cuisson. Faites sauter l'ingrédient
qui manquait préalablement, et amenez-le au
degré de cuisson que vous désirez ; ajoutez les
ingrédients partiellement cuits et procédez comme
vous l'auriez fait si vous n'aviez pas été
interrompu. Le plat risque simplement d'être
peut-être légèrement trop cuit, mais très peu de
gens en seront réellement conscients. Les saveurs
en seront toutes aussi délicieuses que s'il n'y avait
eu aucun délai.

La cuisine sautée peut être utilisée tout aussi
efficacement pour un légume, pour une viande ou
pour tout un assortiment d'ingrédients. Elle peut
également être utilisée pour apprêter une multitude
de recettes en provenance de différentes cuisines.
Par exemple, le Poulet Normandie de la page 125
est un classique de la cuisine française, qui a
meilleur goût lorsqu'il est préparé avec un wok

n'a pas une surface anti-adhésive, utilisez un linge
rugueux ou un tampon à récurer en plastique.
Rincez le wok dans de l'eau chaude. Séchez-le
complètement à l'intérieur et à l'extérieur avec
une serviette en papier ou un linge. Il est
particulièrement important de sécher la prise et
de chauffer le wok à 250°F (120°C). Utilisez des
serviettes en papier et une cuillérée à café d'huile
d'arachide ou d'huile végétale (pas d'huile de maïs)
sur la surface intérieure du wok chaud. Tenez la
serviette avec des pincettes si elle est trop chaude.

Les woks conventionnels en acier avec
l'intérieur non adhérent doivent être traités et
nettoyés comme un wok électrique.

Le nettoyage des accessoires du wok ne diffère
en rien du nettoyage des autres accessoires de
cuisine. Lavez-les simplement dans de l'eau
chaude savonneuse. La grille en métal et l'anneau
de base peuvent être lavés dans une machine à

que cuit dans une poêle à fond plat, car avec cette méthode, le poulet est cuit avant d'avoir le temps de se dessécher.

Les châtaignes d'eau, les pousses de bambou et les haricots mange-tout sont souvent utilisés pour ajouter de la variété et une texture croquante à ce genre de cuisson. On peut également utiliser d'autres ingrédients délicieux pour obtenir le même résultat fabuleux. Pour créer une variante, utilisez de jeunes radis croquants à la place des châtaignes d'eau. À la place des haricots mange-tout congelés, utilisez des petits pois sucrés du jardin. Des petits navets constituent un substitut excellent pour les pousses de bambou en conserve. Au lieu d'utiliser l'habituel riz blanc, servez un riz assaisonné à la poudre de curry ou servez sur des nouilles, des carrés de pain de maïs rôtis, ou du pain français. L'avantage de cette cuisson est que vous pouvez utiliser ce que vous avez sous la main, ce qui vous plaît et qui plaît à vos invités ou à votre famille. Soyez inventif. C'est définitivement une fantastique façon de cuisiner.

FRITURE : Elle consiste à cuire la nourriture en la submergeant complètement dans de l'huile chaude. Vous avez très probablement déjà fait l'expérience de ce genre de cuisson, mais avez-vous déjà essayé la méthode Orientale, la cuisson au wok ?

La quantité d'huile requise dans un wok est moindre et de plus, sa grande ouverture permet de faire cuire plus d'aliments à la fois. Ceux-ci sont presque toujours coupés en morceaux de moyenne ou petite grosseur. Les ingrédients sont souvent marinés et précuits ; le temps de friture s'en trouve donc considérablement réduit. Les aliments sont cuits si rapidement qu'ils ne sont pas graisseux. Et de plus, presque tous les plats cuits en grande friture au wok peuvent être préparés à l'avance et réchauffés ou servis à la température de la pièce.

Les aliments frits au wok peuvent être rangés dans votre congélateur et réapparaître quand vous avez besoin de servir quelque chose de vraiment spécial.

À LA VAPEUR : Cuisson effectuée sur une grille installée dans le wok en utilisant la vapeur comme source de chaleur. J'ai finalement réussi à comprendre le processus de la cuisson à la vapeur lorsque j'ai commencé à utiliser mon wok. Auparavant, la cuisson à la vapeur était pour moi synonyme de nourriture molle, trop cuite et sans goût. Cependant après avoir goûté à des aliments

cuits à la vapeur au wok, j'ai réalisé que cela était faux.

La cuisson à la vapeur au wok est la meilleure façon de préparer la nourriture lorsqu'on désire préserver le goût de fraîcheur et la couleur naturelle des aliments. Des aliments cuits à la vapeur retiennent davantage les éléments nutritifs que ceux cuits de toute autre façon. Les vitamines B et C, ainsi que les minéraux, sont solubles dans l'eau et finissent dans l'eau de cuisson, à moins que la nourriture ne soit cuite à la vapeur. Point également très important : les nourritures cuites à la vapeur, ont un goût tout à faire merveilleux.

Quand vous préparerez un filet de sole Florentine (page 77) tendre et succulent, alors vous saurez de quoi je parle. Écrire ces lignes me met déjà l'eau à la bouche. Les desserts à la meringue, incroyablement légers, seront également riches et délicieux ; ils sont mes préférés. Le gâteau meringué Nuage Rose (page 142) est un de ces desserts inoubliables. La pâte est déposée à la cuillère dans un moule à charlotte puis cuite à la vapeur sur le support dans le wok. Et c'est aussi très beau. Comme une image ! Lorsque vous aurez essayé ces recettes, je sais que vous deviendrez tout aussi fan que moi, de la cuisson à la vapeur au wok.

La cuisson à la vapeur ne requiert finalement qu'une grille spécialement conçue pour le wok ou un disque perforé utilisé aussi pour les gâteaux, que vous déposez dans le wok. Il devrait être plus petit que la circonférence du couvercle de votre wok. Versez de l'eau dans le wok, jusqu'à 2,5 cm sous la grille. Placez le wok sur un feu moyen jusqu'à ce que l'eau commence à frémir. Ceci produira de la vapeur, mais ne fera pas bouillir vos aliments. Placez les aliments soit directement sur la grille, soit dans une assiette à cuisson, soit dans un plat allant au four.

Couvrez le wok et commencez à compter le temps de cuisson. Parce que la cuisson à la vapeur est souvent rapide, il vaut mieux surveiller le temps de cuisson. Soyez prudent et faites attention à ne pas trop cuire les aliments. Le poisson à la vapeur, par exemple ne requiert que quelques minutes de cuisson pour atteindre la perfection. Suivez le temps donné dans les recettes mais vérifiez la cuisson une ou deux minutes avant que le temps spécifié ne soit écoulé. La chaleur de la vapeur peut être variable ou instable et les aliments peuvent cuire plus vite ou moins vite que prévu.

Comment faire son marché

Avez-vous fait votre marché récemment ? Ce n'est pas une question absurde : je devrais plutôt dire : avez-vous pris le temps de bien faire votre marché récemment ? Si la réponse est négative, vous auriez tout avantage à essayer.

De nos jours, on trouve un peu partout ce que j'appellerais un « super-supermarché » ; un supermarché qui a un comptoir de spécialités, avec des produits importés, un traiteur de qualité et une épicerie fine. C'est là que vous trouverez tous ces produits que vous ne pouviez acheter, voici quelques années, que dans des magasins spécialisés ou d'origine étrangère.

C'est au supermarché de mon quartier que j'ai acheté la plupart des produits « exotiques » qui sont utilisés dans les recettes de ce livre. De plus, je les utilise très souvent dans des plats très différents, ce qui fait que je n'en gaspille pas les trois quarts. Vous trouverez ci-dessous une liste d'aliments étrangers et de produits plus courants qui pourront les remplacer.

Légumes pour la cuisine au wok

Pousses de bambou — Ce légume croquant et un peu élastique donne de la substance aux soupes et aux plats bouillis, mijotés ou frits. On peut trouver des pousses de bambou en conserve dans la plupart des supermarchés.

Germes de soja — Lorsqu'ils sont frais, ils sont tendres, croquants et ont une saveur incomparable. Parfaitement adaptés aux plats sautés, ils sont aussi excellents dans des salades, des sandwichs ou des soupes. Ils sont bien meilleurs frais qu'en boîte. Veillez à ce qu'ils soient bien blancs avec une queue vert pâle. Rincez-les toujours à l'eau froide avant usage. Vous pouvez facilement faire germer des graines de soja dans votre cuisine : vous pourrez apprendre comment faire à la page 38.

Chou chinois — J'utilise dans mes recettes deux variétés de chou chinois.

Le *bok choy* a des branches semblables à celles du céleri et des feuilles vertes. Sa texture est croquante et tendre à la fois et il a une saveur douce et sucrée. Si vous hésitez à acheter un bok choy pour des raisons de quantité, pensez à l'utiliser en salade. Vous pouvez aussi le découper en lanières pour le mettre dans une soupe ou un ragoût. **Substitut :** laitue romaine.

Le *siew choy* est appelé « chou chinois » dans ce livre. C'est un gros chou ovale, de couleur vert pâle avec des feuilles dentelées serrées. Il a une saveur plus délicate que celle du chou occidental, mais peut être cuit de la même façon. On peut le faire sauter ou l'apprêter en salade. On peut farcir les feuilles intérieures comme des feuilles de céleri. **Substitut :** chou de Savoie très vert.

Daikon — *Dai* veut dire « grand » en japonais et *kon* signifie « racine ». Ce légume, qui ressemble à un très gros radis blanc, peut être consommé cru ou cuit. **Substitut :** 4 ou 5 petits radis blancs par daikon.

Champignons Enoki — Ces champignons à long pied de couleur crème ont une saveur douce et une texture croquante. Il peuvent s'ajouter en dernière minute à un plat sauté ou être servis comme garniture pour presque n'importe quel plat.

Racine de gingembre — Une racine qui a un arôme persistant mais subtil et qui peut servir à assaisonner presque n'importe quel aliment. **Substitut :** le gingembre confit ou en conserve, rincé auparavant.

Pois des neiges (Haricots mange-tout) — Ces excellents légumes verts sont naturellement meilleurs frais, mais on peut aussi les trouver congelés, avec un degré de qualité très élevé.

Châtaignes d'eau — Elles ont un léger goût de noisette et sont plus douces et croquantes quand on les achète fraîches. Il faut toutefois les éplucher dans ce cas et elles sont souvent plus chères qu'en conserve. On les utilise en salade, dans des sandwichs et sautées.

Sauces et condiments

Sauce Hoisin — Beaucoup de gens découvrent à peine cette sauce épaisse de couleur brun-rouge. Sa saveur sucrée-épicée se marie aussi bien avec la cuisine asiatique qu'avec la cuisine occidentale. Composée de soja, de farine, de sucre et d'épices, elle peut être utilisée comme assaisonnement, dans des marinades de viandes ou de volailles, ou comme sauce d'accompagnement. Attention : elle est forte ! J'aime d'ailleurs l'allonger de sherry sec.

Sauce piquante au soja — Cette sauce pâteuse est à base de graines de soja, d'épices et de piments. Elle a une saveur riche, mais est très salée. Ne salez donc pas vos plats quand vous l'utilisez. **Substitut :** sauce au soja et petits piments rouges broyés.

Sauce aux huîtres — Bien qu'elle soit faite avec des huîtres, cette sauce brun foncé n'a aucunement le goût de poisson. Elle donne un goût salé et aigrelet aux plats sautés, aux sauces et aux ragoûts. Attention : n'en utilisez pas trop à la fois ! **Substitut :** sauce au soja.

Sauce aux prunes — Cette délicieuse sauce sucrée-épicée peut être servie comme un chutney, avec des viandes chaudes ou froides et avec des rouleaux impériaux. On en sert traditionnellement avec le canard à la chinoise. **Substitut :** bien que son goût soit totalement différent, un chutney de mangues fera l'affaire.

Sauce au soja — Je parle naturellement de sauce au soja authentique ! En effet, elles ne sont pas toutes équivalentes. Il en existe un certain nombre de variétés. Dans les marchés chinois, vous pourrez en trouver des salées, de couleur sombre, ou des claires, plus délicates. Les meilleures ont été vieillies pendant six mois à deux ans avant d'être mises en bouteilles : plus une sauce est âgée, plus sa saveur est forte. La sauce au soja Tamari est japonaise ; on la considère comme la meilleure. Elle est assaisonnée au sel de mer, ce qui la rend moins salée au goût que toutes les autres.

À acheter à votre supermarché

Pâtes à rouleaux impériaux et à won ton — Elles servent naturellement à faire des rouleaux impériaux et des raviolis chinois ; mais vous ne devez pas nécessairement en rester là ! Vous pourrez les farcir avec à peu près n'importe quoi, puis les frire ou les cuire à la vapeur. Cela vous donnera des bouchées idéales pour un cocktail ou un buffet. Vous pourrez aussi les emporter en pique-nique : il vous suffira de les envelopper dans un papier d'aluminium et de les réchauffer à la braise.

La pâte à won ton peut être plongée dans la friture pour donner des croustilles. Vous pouvez aussi en faire des petits gâteaux et ce livre vous en donne deux recettes que vous n'oublierez pas de sitôt. Et bien sûr, vous pouvez laisser libre cours à votre imagination.

Huile de sésame — Cette huile a une délicieuse saveur de noisette et n'est utilisée que comme condiment, et non comme huile de cuisson. Elle est assez chère, mais on en utilise si peu qu'on ne s'en aperçoit pas vraiment. Les huiles de sésame asiatiques ont le meilleur arôme. Vous l'utiliserez dans vos plats chinois, pour assaisonner vos salades ou vos mayonnaises, ou pour donner une saveur spéciale à une sauce ou à un ragoût.

Vinaigre de riz — Ce liquide de couleur ambre pâle est fait de riz fermenté. Il est plus léger et moins acide que les vinaigres occidentaux et il peut faire d'une simple vinaigrette quelque chose de très particulier. **Substitut :** vinaigre de vin blanc.

Tofu (soja caillé) — Il est difficile de ne pas s'enthousiasmer pour ce produit gélatineux à base de soja, qui n'a pas de saveur propre mais prend rapidement celle des autres ingrédients. Il complète parfaitement les plats sautés et peut remplacer partiellement la plupart des viandes. Essayez les recettes de Tofu Brouillé, page 53, les Crevettes, Tofu et légumes Tempura, page 54 et le Gâteau au Fromage et au Tofu, page 150.

Vous entendrez plus souvent parler des bienfaits du tofu que de sa saveur ; en effet, c'est une protéine d'excellente qualité et, contrairement à ce que semble indiquer sa texture, il a une haute teneur en fibres alimentaires. En plus de tout cela, il est bon marché et faible en calories.

Quelques spiritueux

Vin de riz chinois — Comme le saké, ce vin plein d'arôme résulte de la fermentation du riz. Mais attention : il est plus fort en alcool que les vins à base de raisin ! On peut parfaitement l'utiliser pour cuisiner, car l'alcool s'évapore en ne laissant que l'arôme. **Substitut :** vin blanc sec.

Mirin (vin de riz doux japonais) — Les Japonais n'utilisent ce vin sirupeux que pour la cuisine et les glaçages. Son arôme est très distinctif. Il est cher mais s'utilise en petites quantités. **Substitut:** saké ou autre vin de riz chauffé avec une quantité égale de sucre, ce qui donne un liquide épais et sirupeux.

Saké (vin de riz japonais) — Il existe des douzaines de sakés, du plus léger au plus fort, du très doux au très sec. On le sert généralement chaud, dans de minuscules gobelets de porcelaine. C'est une boisson entêtante qu'il vaut mieux boire en petites quantités. Pour la cuisine, achetez de préférence un saké bon marché. **Substitut:** vin de riz chinois ou sherry sec.

Des grains pour accompagner

Bulghur (blé concassé séché) — Cet aliment traditionnel du Moyen-Orient remplace délicieusement le riz. Il accompagne particulièrement bien l'agneau et le poulet et peut transformer un simple hamburger en un plat de fête. On le fait cuire dans le double de son volume d'eau bouillante légèrement salée. Une tasse de bulghur sec vous donnera deux tasses de bulghur cuit. **Substitut:** riz.

Comment Cuire à la Vapeur

2. Cuire à la vapeur les petits morceaux d'aliments dans une assiette ou sur une grille à vapeur.

Couscous (semoule de blé) — On peut dire que le couscous est le plat national de l'Afrique du Nord. Ce nom désigne le plat fini et aussi son principal ingrédient, la semoule de blé.

Magie du Japon

Dashi (base de soupe et bouillon japonais) — Ce bouillon clair et aromatique est à la cuisine japonaise ce que les bouillons de bœuf et de volaille sont à la cuisine occidentale. Sa saveur est plus subtile quand il est frais, mais on en trouve d'excellent en sachets. **Substitut:** bouillons de poulet ou de légumes totalement exempts de gras et délicatement aromatisés (voir page 132 et 134).

Katsuo Bushi (flocons de thon séché) — Ce sont ces flocons qui donnent à un dashi (ci-dessus) sa délicate saveur marine. Ils sont vendus en sachets ou en vrac.

Konbu — Ces longues bandelettes d'algues séchées entrent aussi dans la composition du dashi (ci-dessus). Leur arôme subtil, vaguement sucré, est incomparable.

Des nouilles

Vermicelles chinois — Ces nouilles transparentes s'utilisent bouillies. Elles ont une saveur fade mais agréable. **Substitut:** vermicelles.

Nouilles chinoises — Faites avec de la farine de blé et des œufs, ces nouilles plates cuisent rapidement et sont fermes sous la dent. On les trouve maintenant dans de nombreux supermarchés. **Substituts:** spaghetti fins ou spaghettini.

Nouilles à soupe — Ces nouilles à cuisson rapide sont vendues avec un sachet de soupe déshydratée. On les trouve dans la plupart des supermarchés. On peut les utiliser dans des plats sautés, avec ou sans le mélange à soupe.

Nouilles de riz — Ces délicieuses petites nouilles à base de farine de riz gonflent et deviennent croustillantes quand on les frit dans de l'huile aromatisée à l'huile de sésame. On peut les utiliser à la place du riz pour accompagner un plat sauté, ou en saupoudrer un plat.

Croustilles de riz — Cet autre produit à base de farine de riz s'utilise frit, pour accompagner les plats sautés, ajouter du croquant à une salade, ou comme amuse-gueule. On le trouve dans les supermarchés ou les épiceries spécialisées. **Substitut:** nouilles de riz.

Apéritifs et Réceptions

Est-ce que vous adorez recevoir sans pouvoir vous le permettre ? Pensez-y un peu ! Voici des recettes qui sont abordables et donnent un « air de fête ». Avec un peu de planification, vous pourrez donner la réception la plus appréciée de la ville.

Vous n'avez pas le temps ? Pensez-y encore ! Presque tout le monde peut trouver du temps pour préparer un bon repas. Les recettes de ce chapitre dans leur majorité peuvent être préparées des jours ou des semaines à l'avance et mises au congélateur. Vous serez prêt à recevoir et à vous amuser dans un court délai. En préparant les choses à l'avance, vous aurez le temps de profiter de la présence de vos invités.

Si vous ne possédez pas beaucoup d'équipement pour les partys, planifiez un buffet où l'on mange avec les doigts. Tout ce dont vous avez besoin se résume à trois ou quatre grands bols et des assiettes pour disposer les mets cuisinés, plus quelques petits bols pour les sauces et les trempettes. Utilisez des serviettes en papier si vous voulez. Elles font tout aussi bien l'affaire et sont vendues sur le marché dans tout un éventail de dessins et de couleurs.

Avec l'assistance d'un wok, vous pourrez servir des mets réellement délicieux et passer du temps avec vos amis. Laissez-leur l'occasion de vous aider à préparer et à se servir directement du wok. Le plaisir sera ainsi partagé. Les trois idées suivantes vous aideront à recevoir vos amis facilement et agréablement.

Un buffet pour plusieurs personnes

Le nombre d'invités détermine le nombre de plats que vous préparerez. Trois plats servent amplement huit personnes. Ajouter un autre plat par quatre convives ou plus. Faites votre cuisine deux ou trois semaines avant la réception. Préparez et congelez une ou deux choses à la fois. Réchauffez et placez les plats sur la table avant que vos invités n'arrivent. Puis restez avec eux et amusez-vous bien.

Un repas pour 4 ou 6 personnes

Commencez par servir un assortiment de rouleaux impériaux format cocktail avec un apéritif dans le salon. Puis préparez un plat sauté à table dans un wok électrique ou sur un wok conventionnel sur un réchaud portatif. Disposez tous les ingrédients sur la table devant vos invités avant que ces derniers n'arrivent. Pour le dessert, servez du café et des chocolats miniatures. Puis acceptez les compliments bien mérités qui seront adressés au chef.

Casse-croûte à l'improviste

Servez de la bière ou du vin. Prévoyez à table, un grand bol de frites au sésame. Préparez un plat à l'avance que l'on mange avec les doigts, telles des boulettes de viande farcies aux olives style cubain page 12 ou des bouchées de dinde au curry page 13 et une salade. Laissez les invités se servir eux-mêmes. Voir page 39 et 46 pour des idées de salades. Tout étant préparé à l'avance, vous pourrez vous détendre et en profiter.

Boulettes de Viande Farcies aux Olives à la Cubaine

Des boulettes de viandes épicées avec une farce-surprise, servies dans une sauce tomate rapide

350 g de bœuf maigre haché
250 g de porc maigre haché
½ tasse de chapelure
1 œuf
2 cuil. à café d'eau
¼ cuil. à café de sel d'ail
½ cuil. à café de sel
¼ cuil. à café de poivre noir
46 à 48 petites olives vertes entières
   farcies au piment

½ tasse d'huile
1 cuil. à soupe d'huile
1 gros piment vert coupé en morceaux de
   0,5 cm
1 gros oignon, grossièrement émincé
1 boîte (250 g environ) de sauce tomate
¼ tasse de sherry sec
½ tasse d'olives vertes farcies au piment,
   tranchées
6 tasses de riz cuit chaud, si désiré

Dans un grand bol, mélanger le bœuf, le porc, la chapelure, l'œuf, l'eau, le sel d'ail, sel et poivre noir. Façonner le mélange en 46 à 48 boulettes de 3,5 cm de diamètre. Tremper occasionnellement les mains dans de l'eau froide pour éviter que le mélange n'y adhère. Insérer une olive entière dans le centre de chaque boulette. Travailler la viande afin de couvrir entièrement l'olive. Mettre de côté. Chauffer ½ tasse d'huile dans le wok à feu moyen. Faire frire les boulettes dans l'huile chaude, en remuant et jusqu'à ce qu'elles soient brunes de tous les côtés, de 2 à 3 minutes. Égoutter sur un papier absorbant. Chauffer 1 cuillerée à soupe d'huile à feu modéré. Ajouter le piment vert et l'oignon et cuire jusqu'à ce qu'ils soient légèrement croustillants, de 1 à 2 minutes. Réduire légèrement le feu. Verser la sauce tomate et le sherry. Ajouter les boulettes. Chauffer 15 minutes, en remuant de temps en temps. Ajouter les olives tranchées. En remuant de temps en temps, laisser mijoter pendant 2 à 3 minutes de plus. Servir comme hors-d'œuvre en piquant les boulettes avec un petit bâtonnet en bois ou en plastique, ou comme plat principal sur du riz.   46 à 48 boulettes

Shahi Kafta

Des boulettes d'agneau en brochettes, qui nous viennent du Nord de l'Inde

2 cuil. à soupe d'eau bouillante
¼ cuil. à soupe de filaments de safran
450 g d'agneau maigre haché
2 cuil. à soupe de farine tout usage
1 blanc d'œuf, légèrement battu
1½ cuil. à café de sel

2 cuil. à soupe de poudre de curry
2 cuil. à soupe de jus de citron
2 cuil. à soupe de yogourt nature
½ tasse de farine tout usage
Huile à friture
Quelques quartiers de citron

Verser l'eau bouillante dans un bol de grandeur moyenne. Tremper les filaments de safran dans de l'eau jusqu'à dissolution. Ajouter l'agneau, 2 cuillères à soupe de farine, le blanc d'œuf, le sel, la poudre de curry, le jus de citron et le yogourt. Mélanger parfaitement les ingrédients. Façonner en boulettes de 4 cm de diamètre. Verser ½ tasse de farine dans une assiette plate. Y rouler les boulettes de viande. Secouer pour enlever le surplus de farine. Mettre de côté. Verser l'huile dans le wok, (4 cm d'huile au centre du wok). Chauffer l'huile à 375° F (190° C). Ajouter le quart des boulettes de viande. Frire de 3 à 5 minutes, ou jusqu'à l'obtention d'un brun uniforme, en les retournant au moins une fois. Utiliser une cuillère perforée pour retirer les boulettes du wok. Égoutter sur du papier absorbant. Répéter l'opération avec les boulettes restantes. Disposer 3 ou 4 boulettes sur chacune des brochettes. Servir avec des quartiers de citron.   24 à 32 boulettes

Bouchées de Dinde au Curry

De la dinde hachée, servie en bouchées. Scandaleusement délicieux !

450 g de dinde hachée, décongelée
½ tasse de chapelure fine
½ tasse de crème sure
1 cuil. à café de sel
¼ cuil. à soupe de poivre blanc

1 cuil. à café de poudre de curry
2 ou 3 gouttes de sauce piquante
1 tasse de chapelure fine
Huile à friture
Quartiers de citron

Mettre la dinde dans un grand bol avec ½ tasse de chapelure, la crème sure, le sel, le poivre blanc, la poudre de curry et la sauce piquante. Façonner en boulettes de 2,5 cm. Verser une tasse de chapelure dans une assiette à fond plat. Y rouler les boulettes, mettre de côté. Verser l'huile pour la friture dans le wok jusqu'à obtenir 4 cm d'épaisseur d'huile dans le centre du wok. Chauffer l'huile à 350°F (175°C). Frire les boulettes, 6 à 8 à la fois, jusqu'à ce qu'elles soient uniformément brunes de tous les côtés. 2 à 3 minutes. Les laisser s'égoutter sur du papier absorbant. Servir avec des quartiers de citron. 24 à 26 boulettes

Poulet à l'Orientale en Amuse-Gueule

Ces délicieuses lamelles de poulet sont faibles en calories

2 demi-poitrines de poulet, sans peau
  et désossées
1 gousse d'ail émincée
½ cuil. à café de sel

½ tasse de bouillon de poulet (p. 134),
  ou de bouillon de légumes (p. 132)
Sauce orientale
Feuilles de laitue

SAUCE ORIENTALE :

3 cuil. à soupe de sauce au soja
1 cuil. à café d'huile de sésame à
  l'orientale
1 cuil. à soupe de miel

2 cuil. à soupe de Sherry sec
1 cuil. à café de racine de gingembre
  fraîche, râpée
2 cuil. à soupe de ciboulette émincée

Disposer les poitrines de poulet sur une surface plate. Les aplatir avec le côté d'un lourd couperet ou en utilisant un rouleau à pâtisserie. Dans une assiette à cuisson peu profonde, déposer les poitrines, saupoudrer de sel et d'ail. Verser le bouillon dans le wok jusqu'à 2,5 cm de la grille. Amener l'eau à légère ébullition à feu modéré. Placer l'assiette sur la grille. Couvrir le wok. Cuire à la vapeur, 20 à 25 minutes, jusqu'à ce que le poulet, piqué avec une fourchette, soit tendre. Refroidir légèrement, puis réfrigérer le poulet dans le bouillon jusqu'à refroidissement complet, environ 30 minutes. Préparer la sauce Orientale et la mettre de côté. Pour servir, sortir le poulet de la marinade et l'égoutter, puis le trancher en bandes de 5 cm x 2,5 cm. Ajouter la sauce orientale. Retourner le poulet en utilisant deux fourchettes, pour l'enrober de sauce. Disposer les feuilles de laitue sur une petite assiette. Déposer dessus, en utilisant une cuillère, les bandes de poulet enrobées. Servir immédiatement. 6 à 8 portions

SAUCE ORIENTALE :

Mélanger tous les ingrédients dans un bol de grosseur moyenne. Donne environ ½ tasse.

Rouleaux Impériaux à l'Occidentale

Pâte feuilletée délicieusement farcie à l'occidentale

12 feuilles de pâte
Farce au fromage (ci-dessous)

Farce au crabe ou farce de bœuf au chili (p. 16)
Huile à friture

Placer une feuille de pâte sur une surface plate, un coin dirigé vers vous. Déposer au centre 3 à 4 cuillerées à soupe de garniture. Replier la pointe la plus proche par-dessus la garniture en insérant la pointe sous la garniture. Replier également les pointes de droite et de gauche, qui doivent se recouvrir au centre. Presser légèrement pour aplatir. Tremper les doigts dans de l'eau froide et les passer sur le coin supérieur de la feuille. Former le rouleau vers le coin humide, c'est-à-dire en l'éloignant de soi. Couvrir les rouleaux impériaux d'une serviette humide jusqu'au moment de la cuisson. Si une période de 30 à 60 minutes doit s'écouler avant que les rouleaux impériaux soient frits, les déposer sur une assiette, couvrir d'un plastique et réfrigérer, jusqu'au moment de la cuisson. Pour frire les rouleaux impériaux, verser l'huile à friture dans le wok (il est nécessaire d'avoir 4 cm d'épaisseur d'huile au centre du wok). Chauffer à 350°F (175°C). En utilisant des pinces, déposer 3 ou 4 rouleaux impériaux à la fois dans l'huile chaude. Retourner une fois et cuire 3 ou 4 minutes, ou jusqu'à ce que les rouleaux soient dorés et croustillants. Il ne faut pas que l'huile soit trop chaude pour que la garniture cuise bien. Égoutter sur un papier absorbant. Répéter l'opération avec les autres rouleaux. Servir chaud ou à la température de la pièce. Les rouleaux impériaux cuits peuvent être recouverts et réfrigérés et, exception faite des rouleaux remplis de garniture au fromage, ils peuvent être congelés. Pour congeler, les mettre au congélateur sur une plaque de pâtissier, environ 2 heures dans un contenant hermétique. Se conservent au congélateur jusqu'à trois semaines. Pour les rendre croustillants lorsqu'on les réchauffe, disposer les rouleaux sur une plaque dans un four à 350°F (175°C). Cuire les rouleaux réfrigérés 10 à 15 minutes et les rouleaux congelés de 20 à 25 minutes.

12 rouleaux

Farce au Fromage pour Rouleaux Impériaux

À l'avance préparer cette onctueuse farce au fromage que l'on utilisera ensuite pour les rouleaux orientaux ci-dessus.

Pour 12 rouleaux impériaux

3 cuil. à soupe de beurre
¼ tasse de farine tout usage
1 tasse de lait chauffé à 95°F (35°C)
125 g de fromage cheddar fort, coupé en languettes

¼ cuil. à café de sel
⅛ cuil. à café de poivre
1 goutte de sauce piquante
2 jaunes d'œufs, légèrement battus

Beurrer un plat à cuisson de 30 cm x 20 cm. Mettre de côté. Faire fondre le beurre dans une casserole à feu doux. Ajouter la farine. Cuire et remuer 1 minute. En remuant avec un fouet, ajouter rapidement le lait chaud. Cuire et brasser jusqu'à obtention d'un mélange épais et homogène. Ajouter le fromage, le sel et le poivre, ainsi que la sauce piquante. Brasser jusqu'à ce que le fromage soit fondu. Refroidir légèrement. Ajouter les jaunes d'œufs en remuant rapidement. Verser dans le plat beurré. Couvrir et réfrigérer de 2 à 3 heures ou jusqu'à ce que le mélange soit froid et ferme. Utiliser environ 3 cuillerées à soupe pour chaque rouleau impérial.

Au centre, Frites aux Crevettes et Sésame, page 16, de droite à gauche Travers de Porc Cocktail, page 24, Shahi Kafta, page 12, Croustilles au Sésame, page 29, Trempette de Crevettes des Îles Avery, page 135.

Farce au Crabe pour Rouleaux Impériaux

Délicieuse, sans être hors de prix. Le secret : combiner du crabe et des filets de poisson.

450 g de filets de sole ou de flétan
250 g de crabe
¾ tasse de châtaignes d'eau hachées
2 oignons verts, finement hachés

2 cuil. à soupe de sauce chili
1 cuil. à soupe de sauce au soja
1 œuf, légèrement battu

Hacher les filets de poisson et le crabe avec un couteau coupant ou un couperet. Dans un grand bol, mélanger le poisson, le crabe haché et les autres ingrédients. Utiliser environ ¼ de tasse de farce pour chaque rouleau.   Pour 12 rouleaux

Farce de Bœuf au Chili pour Rouleaux Impériaux

Un mélange d'assaisonnements mexicains confère à ces rouleaux une saveur du sud-ouest.

1 cuil. à soupe d'huile
450 g de bœuf maigre haché
1 oignon moyen haché
1 gousse d'ail finement hachée
½ cuil. à café d'origan séché en
   poudre

½ cuil. à café de cumin moulu
1 cuil. à café de sel
1 cuil. à café de poudre de chili
½ tasse de ketchup

Chauffer l'huile dans le wok à feu moyen, ajouter le bœuf, l'oignon haché et l'ail ; frire en remuant jusqu'à ce que la viande perde sa couleur rosée, de 4 à 5 minutes. Ajouter les autres ingrédients. Refroidir à la température de la pièce. Utiliser environ 2½ cuillerées à soupe de farce pour chaque rouleau.   Pour 12 rouleaux

Frites aux Crevettes et Sésame

Des frites croustillantes à base de crevettes

12 très grosses crevettes
¹/₃ tasse de fécule de maïs
Huile à friture

1 cuil. à soupe d'huile de sésame
Sel au goût
Trempette de Crevettes des Îles Avery

Décortiquer les crevettes, enlever la veine dorsale et la queue. Saupoudrer généreusement des deux côtés les crevettes nettoyées avec la fécule de maïs. Déposer sur une surface plane. Utiliser un rouleau à pâtisserie ou un maillet à viande et aplatir légèrement chaque crevette. Ajouter de la fécule de maïs au besoin. Couper les crevettes en deux. Verser 4 cm d'huile dans le wok et ajouter l'huile de sésame. Chauffer l'huile à 350°F (175°C). Frire les morceaux de crevettes, plusieurs à la fois, jusqu'à ce qu'ils soient croustillants, soit environ 2 minutes. Retourner une fois. Laisser égoutter sur du papier absorbant. Saupoudrer de sel. Servir à la température de la pièce, avec de la trempette de crevettes des Îles Avery.   24 frites

Champignons Sautés au Sésame

Facile, élégant et inhabituel. Faible en calorie, un avantage de plus.

500 g de champignons
3 cuil. à soupe de graines de sésame
2 cuil. à soupe d'huile d'arachide ou
    végétale
¼ cuil. à café d'huile de sésame

Faire chauffer le wok à feu moyen. Ajouter les graines de sésame. Frire en remuant légèrement jusqu'à ce qu'elles soient brunes et odorantes. Ajouter l'huile d'arachide ou végétale et l'huile de sésame. Augmenter à feu vif. Ajouter les champignons en les remuant jusqu'à ce qu'ils deviennent tendres et croustillants. Ajouter la sauce au soja, en remuant. Servir chaud avec des bâtonnets en bois ou en plastique. Les champignons peuvent avoir été préparés à l'avance et réchauffés. Réchauffer 10 minutes dans un four préchauffé à 350°F (175°C).

4 à 6 portions

Farce aux Épinards et au Jambon pour Raviolis Chinois

Délicieux et si jolis

300 g d'épinards dégelés
1 cuil. à soupe d'huile
1 gousse d'ail, hachée
1 petit oignon, finement haché
½ tasse de jambon cuit émincé

125 g de fromage blanc, de fromage
    fermier ou de lait caillé égoutté
2 cuil. à soupe de crème sure
1 cuil. à café de sel

Dans un bol de grandeur moyenne, essorer les épinards entre les mains jusqu'à ce qu'ils soient secs au toucher. Mettre de côté. Chauffer l'huile dans le wok à feu modéré. Ajouter l'ail et l'oignon. Cuire en remuant jusqu'à ce que l'oignon soit tendre, de 1 à 2 minutes. Refroidir légèrement. Verser l'ail, l'oignon et l'huile dans le bol contenant les épinards. Ajouter le reste des ingrédients.

24 raviolis chinois

Conseil

Si on ne trouve pas d'olives noires grecques tranchées à votre supermarché, coupez des lamelles d'olives non tranchées.

Ailes de Poulets Farcies à la Thaïlandaise

Sensationnel, absolument sensationnel !

24 ailes de poulet
Farce de porc (p. 21)
Farce aux saucisses (p. 22) ou
Farce au fromage et épinards (p. 20)
1 tasse de farine tout usage
1 cuil. à café de sel

3 tasses de chapelure fine
2 œufs
1 cuil. à soupe d'eau
Huile à friture
Sauce trempette piquante (p. 136) au
goût

En tenant une aile de poulet à deux mains, faire plier l'articulation pour briser le cartilage. Déposer l'aile de poulet ouverte sur une surface plane. Utiliser un couteau tranchant ou un couperet pour couper la peau et le cartilage et séparer les 2 parties. Laisser le plus possible de peau sur la section du bout de l'aile. Répéter la même opération avec les autres ailes de poulet. Garder les pilons pour la recette des mini-pilons frits ou pour tout autre usage. Pour désosser la partie centrale de l'aile, trancher le cartilage qui la relie au bout de l'aile. Ne pas couper le bout de l'aile. Gratter la viande et la peau vers le bout de l'aile en tordant et en tournant les os, jusqu'à pouvoir les retirer. Faire remonter la viande et la peau en laissant une poche dans le centre. Utiliser une petite cuillère ou vos doigts pour remplir cette poche avec de la farce. En tenant le bout fermé, presser avec les doigts pour pousser la farce vers l'extrémité de la poche. Mettre de côté la partie de l'aile farcie. Mélanger la farine et le sel dans un plat à tarte. Verser la chapelure dans une autre assiette, battre les œufs et l'eau dans un petit bol peu profond. Passer les ailes farcies dans le mélange de farine puis dans le mélange d'œuf et dans la chapelure. Réfrigérer les ailes ainsi panées jusqu'à refroidissement, environ 1 heure. Verser 4 cm d'huile dans le wok. Chauffer l'huile à 350°F (175°C). Frire 4 ou 5 ailes à la fois dans l'huile chaude, jusqu'à ce qu'elles soient d'un brun doré. Laisser égoutter sur du papier absorbant. Servir chaud ou à la température de la pièce ; accompagner de sauce piquante si désiré.

24 amuse-gueule

1. Couper la cartilage entre les sections de l'aile. Repousser la chair et la peau vers le bout de l'aile. Tordre pour enlever les os.

2. Repousser la chair et la peau pour former une poche. Remplir cette poche de farce, avec une cuiller. Tenir le haut fermé et presser pour faire descendre la farce vers le fond.

___ Comment Faire Frire les Mini-Pilons _____

1. En tenant l'aile de poulet à deux mains, faire plier l'articulation pour briser le cartilage. Trancher.

2. Tenir le mini-pilon et repousser la peau et la viande vers le sommet de l'os. Façonner ainsi une boule compacte.

Won Tons à l'Occidentale

Deux bonnes bouchées : exactement ce qu'il convient de servir avec des cocktails, de la bière ou du vin.

24 won tons
Farce aux épinards et au jambon ou
 farce au feta (fromage grec) et
 brocoli

Huile à friture
Moutarde chinoise ou sauce
 aigre-douce (p. 137) ou sauce au
 soja.

Déposer un won ton sur une surface plate, un coin pointant vers soi. Déposer au centre 1 cuil. à café de farce. Replier la pointe la plus près de soi, par-dessus la farce. Avec un pinceau à pâtisserie ou les doigts, humecter légèrement les 3 autres coins. Replier le coin droit et le coin gauche par-dessus. Rouler le won ton vers l'extérieur à la manière d'un gâteau roulé. Répéter la même opération avec les autres won tons et le restant de la farce. Verser 4 cm d'huile dans le wok. Chauffer l'huile à 375°F (190°C). Frire 4 ou 5 won tons à la fois dans l'huile chaude jusqu'à coloration légèrement brune, de 3 à 4 minutes. Égoutter sur du papier absorbant. Servir chaud ou à la température de la pièce. Pour servir, tremper les won tons dans de la moutarde chinoise, de la sauce aigre-douce ou de la sauce au soja. Les won tons cuits peuvent être congelés en une seule couche sur une plaque à cuisson. Quand ils sont fermes, les mettre dans des sacs à congeler ou un contenant fermant hermétiquement. Se conservent 3 mois. Pour réchauffer les won tons congelés, les disposer sur une plaque à cuisson et les placer dans un four préchauffé à 350°F (175°C) de 20 à 30 minutes.   24 Won Tons

Mini-Pilons Frits

Une marinade spéciale ajoute une saveur unique à cette recette orientale très appréciée.

24 ailes de poulet
¼ tasse de miel
¼ tasse de sauce au soja
1 gousse d'ail, broyée
2,5 cm de racine de gingembre, broyée
½ cuil. à café de sel

1 tasse de farine tout usage
2 œufs, légèrement battus
1 tasse d'eau gazeuse
Huile à friture
Sauce aigre-douce (p. 137)

En tenant une aile de poulet à deux mains, faire plier l'articulation pour briser le cartilage. Déposer l'aile de poulet ouverte sur une surface plane. Utiliser un couteau tranchant ou un couperet pour couper la peau et le cartilage et séparer les deux parties. Laisser le plus de peau possible sur la partie du bout de l'aile. Répéter la même opération avec toutes les ailes de poulet. Garder la partie du milieu et le bout de l'aile pour les Ailes de Poulet Farcies à la Thaïlandaise page 18 ou pour un tout autre usage. En utilisant un petit couteau pointu, couper le cartilage du bout de l'os. Tenant cette partie en main, repousser la peau et la viande au sommet de l'os. Façonner ainsi une boule compacte. Disposer les mini-pilons dans une assiette carrée de 20 cm allant au four. Dans un petit bol, mélanger le miel et la sauce au soja. Verser sur le poulet. Ajouter l'ail et le gingembre. Mettre de côté. Installer la grille à vapeur dans le wok. Verser de l'eau dans le wok jusqu'à 2,5 cm sous la grille. Amener l'eau à ébullition à feu modéré. Placer l'assiette contenant les mini-pilons sur la grille. Couvrir le wok. Cuire à la vapeur 20 à 25 minutes, en retournant à plusieurs reprises les mini-pilons dans le mélange de miel. Refroidir à la température de la pièce.
Retirer l'eau du wok, le sécher avec du papier absorbant. Dans un bol de grandeur moyenne, mélanger la farine, le sel, les œufs et l'eau gazeuse. Battre jusqu'à ce que le mélange soit lisse, mettre de côté. Verser 4 cm d'huile dans le wok. Chauffer l'huile à 350°F (175°C). Retirer le liquide de l'assiette de cuisson. Tremper chaque mini-pilon de poulet dans la pâte à frire et le secouer légèrement au-dessus du bol pour l'égoutter. Déposer doucement dans l'huile chaude. En frire 3 ou 4 à la fois jusqu'à ce qu'ils soient brun doré de tous les côtés, de 2 à 3 minutes. Servir chaud ou à la température de la pièce avec de la sauce aigre-douce pour tremper.   24 mini-pilons

Farce au Fromage et Épinards pour Ailes de Poulet

Assez épicée pour être intéressante. Également utilisée dans les won tons ou les rouleaux impériaux

300 g d'épinards dégelés
60 g de fromage ricotta
3 cuil. à soupe de Parmesan râpé
1 œuf

½ cuil. à café de sel
¼ cuil. à café de poivre
¼ cuil. à café d'épices à l'italienne
½ tasse de chapelure fine

Presser les épinards entre les mains jusqu'à ce qu'ils soient bien essorés et secs au toucher. Les étaler sur une surface plane. Utiliser un couteau tranchant pour les hacher finement. Dans un bol de grandeur moyenne, mélanger les épinards hachés et les autres ingrédients.   Farce pour 24 ailes de poulet

Toasts Chinois au Saumon

Moins coûteux que les classiques toasts aux crevettes à la chinoise, mais tout aussi délicieux...

1 boîte de saumon bien égoutté (120 g)
¾ tasse de châtaignes d'eau émincées
1 oignon vert finement haché
1 cube de racine de gingembre, émincé
1 œuf légèrement battu
1 cuil. à soupe de fécule de maïs

1 cuil. à soupe de sherry sec
¼ cuil. à café de sel
¼ cuil. à café de sucre
8 à 9 tranches minces de pain blanc
Huile à friture

Dans un bol de grandeur moyenne, mélanger le saumon, les châtaignes d'eau, l'oignon vert, le gingembre, l'œuf, la fécule de maïs, le sherry, le sel et le sucre. Enlever la croûte du pain, couper chaque tranche en 4 petits carrés. Étendre sur un côté de chacun des petits carrés le mélange de saumon. Couvrir complètement et généreusement. Verser 4 cm d'huile à friture dans le wok. Chauffer à 375°F (190°C). Déposer doucement 6 à 8 carrés de pain dans l'huile, côté garni vers le bas. Frire une minute ou jusqu'à ce que tous les côtés du pain soient légèrement brunis. Utiliser une cuillère perforée pour retourner les carrés, garniture vers le haut. Les laisser frire 30 secondes ou jusqu'à ce que le dessous du pain soit légèrement bruni. Sortir de l'huile avec la cuillère perforée. Laisser égoutter sur du papier absorbant. Faire frire les carrés restants. Servir chauds ou tièdes. Pour congeler, disposer les carrés cuits en une seule couche sur une assiette à cuisson. Placer au congélateur jusqu'à ce que les carrés soient fermes. Mettre ensuite les amuse-gueules congelés dans un sac à congeler ou dans un contenant hermétique. Mettre au congélateur. Utiliser dans les 3 semaines. Pour réchauffer les carrés de saumon congelés, les disposer sur une plaque à cuisson, sur une seule couche. Chauffer dans le four préchauffé à 350°F (175°C) durant 20 à 25 minutes.

32 à 36 tranches

Farce de Porc pour Ailes de Poulet

Le chutney de mangues ajoute une saveur toute spéciale

250 g de porc maigre haché
1 gousse d'ail, émincée
½ tasse de châtaignes d'eau hachées
   finement
1 cuil. à soupe de ciboulette émincée
2 cuil. à soupe de sauce chutney ou 2
cuil. à soupe de marmelade d'oranges

1 cuil. à soupe de sauce au soja
¼ tasse de piments jalapeno en
   boîte, bien égouttés
1 œuf, légèrement battu
½ tasse de chapelure assaisonnée
   aux herbes, (vendue en paquet).

Cuire le porc dans le wok à feu moyen jusqu'à ce qu'il perde sa couleur rosée, de 8 à 10 minutes. Utiliser une cuillère en bois pour défaire la viande. Placer le porc cuit dans un bol de grosseur moyenne. Retirer le jus de cuisson. Ajouter les autres ingrédients.

24 ailes de poulets

Roulés de Laitue au Bœuf

Une farce savoureuse, enroulée dans des feuilles de laitue croustillantes.

1 tête de laitue romaine ou autre laitue
  à grandes feuilles
2 cuil. à soupe de chutney finement
  haché
1 cuil. à soupe de sucre brun
1 cuil. à soupe de fécule de maïs
1 cuil. à soupe de sauce Hoisin
1 cuil. à soupe de sauce au soja
1 cuil. à soupe de vinaigre blanc
¾ tasse de bouillon de bœuf rapide
  (p. 132), de bouillon de poulet (p. 134)
  ou de bouillon de légumes (p. 132)

2 ou 3 gouttes de sauce piquante
2 cuil. à soupe d'huile
1 gousse d'ail émincée
1 petit oignon rouge doux haché
450 g de bœuf maigre, haché
½ tasse de châtaignes d'eau tranchées
½ tasse de raisins secs
1 cuil. à soupe de piments rouges
  séchés, broyés
1 tasse de fèves germées fraîches

Enlever le cœur de la laitue et séparer doucement les feuilles. Rincer sous l'eau froide courante. Disposer 16 à 20 feuilles sur un grand plat. Réfrigérer jusqu'au moment de servir. Dans un petit bol, mélanger le chutney, le sucre brun, la fécule de maïs, la sauce hoisin, la sauce au soja, le vinaigre, le bouillon et la sauce piquante. Mettre de côté. Chauffer l'huile dans le wok à feu doux. Ajouter l'ail et l'oignon. Sauter jusqu'à ce que l'oignon soit tendre, environ 2 minutes. Augmenter à feu vif. Ajouter le bœuf haché. Brasser et cuire jusqu'à ce que la viande ne soit plus rose, de 6 à 8 minutes. Séparer la viande avec une cuillère de bois. Verser le mélange de bouillon et les châtaignes d'eau, les raisins et le piment rouge. Brasser et frire jusqu'à ce que la sauce commence à épaissir, de 8 à 10 minutes. Ajouter les fèves germées. Verser dans un grand bol de service. Les invités se serviront eux-mêmes à la cuillère de ce mélange de bœuf pour le déposer sur une feuille de laitue réfrigérée. Rouler chacune des feuilles à la façon d'un gâteau roulé.

16 portions

Farce aux Saucisses pour Ailes de Poulet

Selon les épices contenues dans les saucisses, le sel et le poivre peuvent être superflus.

250 g de saucisses à petit déjeuner
1 petit oignon, finement haché
1 gousse d'ail, émincée
1 branche de céleri, finement hachée
¼ cuil. à café de marjolaine moulue

½ cuil. à café de thym séché en poudre
½ tasse de chapelure
1 œuf, légèrement battu
Sel et poivre, au goût

Frire les saucisses 6 à 8 minutes dans le wok à feu modéré, jusqu'à ce qu'elles brunissent légèrement. Utiliser une cuillère en bois pour défaire la viande en morceaux. Mettre la saucisse cuite dans un bol. Ne laisser dans le wok qu'environ 2 cuillerées à soupe de jus de cuisson. Ajouter l'oignon, l'ail, le céleri, la marjolaine et le thym. Cuire jusqu'à ce que l'oignon soit ramolli, soit environ 2 minutes. Ajouter la chapelure et la saucisse cuite. Laisser le mélange refroidir à la température de la pièce. Ajouter les œufs ; bien mélanger. Saler et poivrer.

24 ailes de poulet farcies

Travers de Porc Cocktail

Tout excès de gras disparaît à la vapeur.

700 g de travers de porc
1 oignon jaune moyen, haché
½ tasse de sauce au soja
3 cuil. à soupe de sauce hoisin

¼ tasse de miel
¼ tasse d'eau
1 cuil. à café de gingembre moulu
1 cuil. à café d'épices mélangées

Demander au boucher de couper les côtes en morceaux de 5 cm. Placer la grille dans le wok. Verser de l'eau jusqu'à 2,5 cm sous la grille. Amener l'eau à ébullition légère à feu modéré. Déposer les côtes sur la grille. Couvrir le wok. Cuire à la vapeur 30 minutes. Mettre la grille et les côtes à refroidir. Retirer l'eau du wok. L'essuyer avec du papier absorbant. Utiliser un couteau tranchant pour diviser les côtes. Déposer les morceaux de côtes dans un plat carré de 20 cm allant au four. Dans un petit bol, mélanger les ingrédients qui restent. Verser sur les côtes, retourner pour enrober uniformément. Laisser reposer à la température de la pièce de 2 à 3 heures. Placer à nouveau la grille dans le wok. Verser de l'eau dans le wok jusqu'à 2,5 cm sous la grille. Amener l'eau à ébullition à feu modéré. Placer l'assiette sur la grille. Couvrir le wok, cuire à la vapeur de 30 à 45 minutes. Ajouter de l'eau au wok après 30 minutes si nécessaire. Faire refroidir les côtes dans la sauce. Égoutter la sauce refroidie des côtes. Chauffer la sauce à feu modéré. Envelopper les extrémités de chacune des côtes dans un petit papier aluminium. Servir les côtes chaudes ou à la température de la pièce. Verser la sauce réchauffée dans un petit plat de service. Pour manger les côtes, les tremper dans cette sauce chaude.   8 à 10 amuse-gueule

Farce au Fromage Feta et Brocoli pour Won Tons

Le fêta est un fromage grec salé

300 g de brocoli haché congelé
Eau non-salée
2 cuil. à soupe de beurre
1 gousse d'ail émincée

½ tasse de feta finement émietté
3 cuil. à soupe de chapelure sèche et
  fine
1 jaune d'œuf

Faire cuire le brocoli dans de l'eau non salée, selon le mode d'emploi de l'emballage. Égoutter entièrement. Éponger avec un papier absorbant. Mettre dans un bol de grandeur moyenne. Mettre de côté. Dans un petit poêlon, faire fondre le beurre à feu doux. Ajouter l'ail. Brasser de temps en temps, cuire jusqu'à ce que le beurre soit fondu mais pas bruni, environ 1 minute. Refroidir légèrement. Mettre l'ail cuit et le beurre avec le brocoli. Y ajouter les autres ingrédients.   24 Won Tons

Petits Rouleaux de Dinde Farcis au Fromage Bleu

Un amuse-gueule spécial pour des convives spéciaux

1 paquet de 300 g d'épinards hachés,
   dégelés
50 g de fromage bleu émietté
¼ tasse de chapelure fine
1 œuf, légèrement battu
½ cuil. à café de poivre noir, moulu
   grossièrement

3 cuil. à soupe de beurre
1 petit oignon, finement haché
½ cuil. à café de romarin
   séché
450 g d'escalopes de dinde ou de
   poitrine de poulet

Essorer les épinards dégelés entre les mains jusqu'à ce qu'ils soient secs au toucher. Dans un bol de grosseur moyenne, mélanger les épinards, le fromage, la mie de pain, l'œuf et le poivre. Mettre de côté. Faire fondre dans un petit poêlon à feu doux. Ajouter l'oignon et le romarin. Frire en brassant légèrement, 1 à 2 minutes. Mettre l'oignon cuit, le romarin et le beurre dans le mélange d'épinards ; mettre de côté. Si l'on a choisi le poulet, retirer la peau et les os des poitrines. Employer un rouleau à pâtisserie ou le côté d'un lourd couperet pour aplatir chaque escalope de dinde ou chaque poitrine de poulet à 5 mm d'épaisseur. Déposer à la cuillère environ ¼ de tasse de mélange d'épinards dans le centre des morceaux de viande aplatie. Les rouler dans le sens de la longueur, comme un gâteau roulé. Bien fermer avec des bâtonnets de bois. Mettre de côté. Déposer le support dans le wok. Verser de l'eau dans le wok jusqu'à 2,5 cm sous la grille. Amener l'eau à ébullition légère à feu modéré. Disposer la viande roulée sur la grille. Couvrir le wok. Cuire à la vapeur durant 15 minutes ou jusqu'à ce que la viande soit ferme et blanche. Mettre de côté pour laisser refroidir légèrement, puis couvrir et mettre au réfrigérateur jusqu'au moment de servir. Pour servir, couper en petites tranches minces et déposer sur un plateau.

24 à 32 amuse-gueule

Petits Pâtés Chinois à la Vapeur

Ces grands classiques des Dim Sum sont farcis d'un mélange très spécial de porc et de gingembre

½ tasse de confiture d'abricots
¼ tasse de jus de citron
1 cuil. à café d'Angostura, si désiré
250 g de porc haché maigre
2 cuil. à soupe de gingembre confit
   émincé
1 oignon vert, le blanc seulement,
   finement haché

1 cuil. à soupe de sauce au soja
¹/₃ tasse de châtaignes d'eau finement
   hachées
1 cuil. à café d'huile de sésame
1 cuil. à soupe d'huile d'arachide ou
   végétale
24 enveloppes à won tons
Moutarde chinoise page 138

25

Dans un bol, bien mélanger la confiture, le jus de citron et le bitter, si désiré. Mettre de côté. Frire le porc dans le wok à feu modéré en le remuant, jusqu'à ce qu'il perde sa couleur rosée, de 6 à 8 minutes. Déposer à la cuillère la viande dans un bol de grosseur moyenne. Retirer le jus de cuisson. Ajouter le gingembre, l'oignon vert, la sauce au soja, les châtaignes d'eau, l'huile de sésame et l'huile d'arachide ou végétale, en mélangeant bien. Huiler légèrement un plat à cuisson carré de 20 cm. Mettre de côté. Diviser les enveloppes de won tons et les étendre sur une surface unie. Brosser légèrement avec de l'eau. Déposer une cuillerée à café pleine de mélange de porc dans le centre de chacune des enveloppes. Humecter les bords, les remonter autour de la farce, en laissant le centre de la farce à découvert et pincer les bords ensemble pour les sceller. Tenir les boulettes entre les doigts et en aplatir le fond légèrement. Disposer les boulettes ainsi aplaties à 2,5 cm l'une de l'autre sur l'assiette à cuisson préparée à l'avance. Mettre de côté. Installer la grille dans le wok. Verser de l'eau dans le wok jusqu'à 2,5 cm sous la grille. Amener l'eau à ébullition légère à feu modéré. Placer l'assiette sur la grille. Couvrir le wok. Cuire à la vapeur durant 15 minutes. Les boulettes de pâte ne changeront pas de couleur et n'auront pas l'air d'être sèches. Servir chaudes ou à la température de la pièce accompagnées de moutarde chinoise et de sauce à l'abricot.

24 petits fours

Comment Préparer les Carrés de Piments Farcis aux Anchois

1. Récouper chaque demi-piment. Presser environ 2 cuillerées à soupe de mélange aux anchois sur chaque morceau de piment.

2. Retirer les piments cuits du wok avec une cuillère perforée. Égoutter sur du papier absorbant.

Carrés de Piments Farcis aux Anchois

Un mélange parfait de couleurs, de textures et de goûts.

60 g de filets d'anchois
1 gousse d'ail, hachée
1 tasse de chapelure fine
1 blanc d'œuf
1 cuil. à soupe de fécule de maïs

3 petits piments verts
¼ tasse d'huile d'arachide ou
    végétale
1 tasse de bouillon de poulet
    ou de bouillon de légumes

Égoutter les filets d'anchois. Conserver l'huile. Émincer finement les anchois. Dans un bol de grandeur moyenne, mélanger les anchois émincés, l'ail, la chapelure, le blanc d'œuf, la fécule de maïs et 1 à 2 cuillerées à café d'huile d'anchois ou une quantité suffisante pour que le mélange soit homogène. Travailler les anchois, l'ail, la chapelure, le blanc d'œuf et la fécule de maïs dans un mélangeur jusqu'à ce que le tout ait consistance de purée. Ajouter de l'huile d'anchois autant que nécessaire afin que le mélange soit bien ferme. Couper le piment vert en deux dans le sens de la longueur. Retirer les graines et l'intérieur blanc. Ne pas rincer l'intérieur des piments verts : la farce ne pourrait pas y adhérer ensuite. Couper les demi-piments encore en deux. On obtiendra ainsi 12 morceaux de piment. Déposer à la cuillère 2 cuillerées à soupe de mélange d'anchois dans chacun des morceaux de piment. Presser doucement le mélange dans le piment et mettre de côté. Chauffer 2 cuillerées à soupe d'huile d'arachide ou d'huile végétale dans le wok à feu modéré. Placer la moitié des piments farcis en une seule rangée, la farce vers le bas, dans l'huile chaude. Frire 1 minute. Retourner la farce vers le haut. Verser ½ tasse de bouillon dans le wok autour, et non sur les morceaux de piment. Amener à ébullition. Couvrir le wok, faire mijoter 2 minutes. Si nécessaire ajouter davantage de bouillon. Utiliser une cuillère perforée pour retirer du wok les piments cuits. Égoutter sur du papier absorbant. Jeter tout ce qui reste de bouillon. Essuyer le wok avec du papier absorbant. Répéter l'opération avec ce qui reste d'huile d'arachide ou d'huile végétale, les morceaux de piment farcis et la ½ tasse de bouillon. Disposer les morceaux de piments cuits sur une assiette. Servir chaud ou à la température de la pièce. Pour servir plus tard, disposer les piments cuits sur une plaque de cuisson. Couvrir avec un emballage de plastique et réfrigérer jusqu'à 24 heures. Pour réchauffer, placer dans un four préchauffé à 350° F (175° C) de 10 à 15 minutes.

Variante :

Barquettes de Piments Farcies aux Fruits de Mer : Dans un mélangeur, réduire en purée 225 g de filets de sole ou de flétan, 120 g de crabe ou de crevettes, 1 oignon vert, ½ cuillerée à café de sel, 2 à 3 gouttes de sauce piquante, 1 cuillerée à soupe de jus de citron, 1 blanc d'œuf et 1 cuillerée à soupe de fécule de maïs. Remplir et cuire les carrés de piment comme indiqué ci-dessus.   12 amuse-gueule

Conseil

Utiliser une cuillère perforée pour prendre les aliments dans l'huile chaude.
Égoutter brièvement au-dessus du wok.

Poulet Indonésien Cuit à 2 Reprises

Les grands cuisiniers prétendent que le poulet a meilleur goût lorsqu'on lui laisse ses os.

650 g de poulet
1 gousse d'ail
1 cube de 2,5 cm de racine de
    gingembre ou 2 cuil. à café de
    gingembre moulu
2 oignons verts
3 cuil. à soupe de sauce au soja
2 cuil. à soupe de Sherry sec
2 cuil. à café d'huile de sésame
2 cuil. à café de poivre noir,
    grossièrement moulu
½ cuil. à café de piment rouge fort,
    séché et en poudre

¼ cuil. à café de cannelle moulue
¼ cuil. à café de clou de girofle moulu
1 cuil. à café de sucre
1 cuil. à café de sel
1¼ tasse de fécule de maïs
1 œuf battu
Huile à friture
Sauce à trempette indonésienne si
    désiré (p. 135)
Sauce aigre-douce Hoisin, si
    désiré (p. 136)

Utiliser un couperet ou un couteau tranchant pour diviser le poulet en deux. Enlever l'os central du dos. Couper aux articulations pour séparer les ailes, les pilons et les cuisses du corps. Couper les ailes aux articulations pour donner trois morceaux par aile. Avec le couperet, trancher l'os de chaque cuisse. Garder l'os du dos, le bout des ailes et les bouts des os des cuisses pour faire un bouillon ou une soupe. Couper les parties charnues des cuisses en deux, dans le sens latéral. Couper les pilons en deux dans le sens latéral. Couper chacune des ½ poitrines en deux, ce qui donnera 4 morceaux. Mettre de côté. Utiliser le côté d'un couperet ou d'un gros couteau pour broyer l'ail, la racine de gingembre et les gros oignons verts. Dans un grand bol (ne pas utiliser de bol en métal) mélanger l'ail broyé, la racine de gingembre et l'oignon vert. Ajouter la sauce au soja, le sherry, l'huile de sésame, le poivre noir, le piment rouge, la cannelle, le clou de girofle, le sucre et le sel. Ajouter les morceaux de poulet. Les retourner pour les enduire de façon uniforme. Laisser mariner de 1 à 2 heures à la température de la pièce ou de 6 à 8 heures au réfrigérateur. Retourner le poulet plusieurs fois dans la marinade. Verser la fécule de maïs dans un plat à tarte; mettre de côté. Utiliser une cuillère perforée pour retirer l'ail, le gingembre et l'oignon de la marinade. Mettre l'œuf dans le mélange de poulet, en remuant. Retourner pour couvrir uniformément. Égoutter légèrement. Rouler chaque morceau de poulet mariné dans la fécule de maïs. Secouer pour enlever l'excès de fécule de maïs. Verser 4 cm d'huile dans le wok. Chauffer l'huile à 350°F (175°C). Frire les morceaux de poulets 4 ou 5 à la fois dans l'huile chaude, jusqu'à consistance tendre, de 9 à 12 minutes. Égoutter sur du papier absorbant. Ajouter de l'huile pour avoir à nouveau 4 cm d'huile dans le centre du wok. Chauffer à 375°F (190°C). Frire le poulet une seconde fois durant 1 minute ou jusqu'à ce qu'il soit brun doré et croustillant. Servir chaud ou à la température de la pièce, avec des petits bols de sauce Indonésienne ou de sauce Hoisin aigre-douce, si désiré.

8 à 10 portions

Délice Nabe Mono

Des brochettes de bœuf, de pétoncles et de légumes, éclatantes de couleurs, préparées à table à la manière japonaise.

450 g de filet de bœuf de 2,5 cm d'épaisseur
3 ou 4 petits oignons blancs ou 10 à 12 oignons à cocktail
225 g de tofu coupé en cubes de 1,5 cm
1 petit oignon vert, coupé en carrés de 1,5 cm
1 petit piment rouge sucré, coupé en carrés de 1,5 cm
2 ou 3 petits zucchini coupés en tranches de 1,5 cm

400 g de pétoncles
225 g de champignons tranchés
9 tasses de Dashi (p. 134) ou de bouillon de poulet (p. 134) ou de bouillon de légumes (p. 132)
¼ tasse de vin blanc sec
¼ tasse de sauce au soja
1 cuil. à soupe de vin de riz ou de vinaigre de vin blanc
1 cuil. à soupe de sucre
Sauce au soja pour tremper

Couper le bœuf en bandelettes. Couper les gros oignons en deux. Laisser les petits oignons entiers. Disposer les tranches de viande, les morceaux d'oignon, le tofu, le piment vert et le rouge, les zucchini, les pétoncles et les champignons sur un grand plat ou sur deux assiettes. Mettre de côté. Dans un grand bain-marie, mélanger le Dashi ou bouillon, le vin blanc, ¼ de tasse de sauce au soja, le vin de riz ou le vinaigre et le sucre. Amener à ébullition à feu vif. Verser dans un grand pot. Installer le wok électrique ou le wok conventionnel sur un brûleur portatif sur une desserte. Verser environ ¾ du Dashi dans le wok. Amener à ébullition à feu modéré. Disposer le plateau ou les assiettes contenant les légumes, le bœuf, le tofu et les pétoncles près du wok. Donner à chaque convive des baguettes ou des brochettes, ainsi que des petites assiettes et des petits bols de sauce au soja. Permettre à chacun de disposer les aliments à sa façon sur une baguette ou une brochette. Placer les brochettes garnies dans le liquide chaud. Cuire de 1 à 2 minutes. Ajouter le reste de Dashi dans le wok si nécessaire. Répéter l'opération aussi souvent que désiré.

6 à 8 portions

Croustilles au Sésame

Croustilles Orientales

Huile à friture
2 cuil. à soupe d'huile de sésame

12 Won Tons
Sel

Verser 4 cm d'huile à friture dans le wok. Ajouter l'huile de sésame. Chauffer l'huile à 350° F (175° C). Couper les Won Tons en diagonale pour former 4 triangles. Frire 4 à 5 minutes à la fois jusqu'à coloration légèrement brune, égoutter sur du papier absorbant. Saupoudrer de sel. servir à la température de la pièce.

Donne 72 croustilles

Plats de Légumes

La recette la plus importante de ce livre est peut-être celle des Légumes à la Vapeur, complétée par le tableau des temps de cuisson à la vapeur. Cette méthode de cuisson peut paraître secondaire, mais je vous garantis que vous penserez différemment une fois que vous l'aurez expérimentée. Ce que la cuisson au wok fait aux légumes tient presque du miracle ! La différence entre les légumes cuits à l'eau et les légumes sautés au wok est étonnante. Il semble presque incroyable que les carottes, les piments verts, le zucchini et le chou puissent être transformés d'une façon aussi radicale par une simple méthode de cuisson. Et pourtant, c'est un fait incontestable.

Il faut trancher, couper en dés, en lanières ou râper les légumes, les sortir environ 15 minutes avant le moment de la cuisson. Ceci leur donnera le temps d'être à la température de la pièce avant d'être cuits, car les légumes froids plongés dans l'huile la refroidissent.

Pour sauter des légumes, chauffer 1 ou 2 cuillères à soupe d'huile dans le wok à feu vif. Ajouter les légumes préparés, et les remuer avec une cuillère, juste assez longtemps pour les saisir. La chaleur intense et le mouvement rapide font que les légumes sont cuits sans que leurs structures cellulaires ne soient brisées et que les jus ne s'en écoulent. Ce procédé scelle donc à l'intérieur une saveur que la plupart des gens ignorent. Cette saveur révèle un monde de différence. Soudain, les légumes prennent une place de tout premier choix dans la planification des accompagnements. Tout comme la méthode de cuisson sautée, la méthode de cuisson à la vapeur scelle et intensifie la saveur. Vous devez expérimenter le goût de « fraîcheur du jardin » qui est propre aux légumes cuits à la vapeur, l'arôme incomparable qui s'en dégage, les couleurs et les textures qui demeurent intactes. Je doute qu'après, vous oserez cuire à nouveau les légumes dans de l'eau. Servis nature ou en sauce, les légumes ainsi apprêtés compléteront avantageusement n'importe quel repas. Dans le chapitre intitulé Bouillons et Sauces, pages 131 à 138, vous trouverez de nombreuses recettes de sauces délicieuses et faciles à préparer, qui ont été spécialement conçues pour accompagner les légumes cuits à la vapeur.

Légumes d'Hiver Sautés

Transformer des légumes peu coûteux en y ajoutant de nouvelles saveurs excitantes.

2 petits navets blancs
3 ou 4 branches de céleri
2 carottes moyennes
2 cuil. à soupe d'huile
225 g de champignons fermes,
   tranchés minces
2 cuil. à soupe de cognac ou de brandy

¼ tasse de bouillon de poulet ou de
   bouillon de légumes ou d'eau
½ cuil. à café de sel
½ cuil. à café de feuilles de thym
   séchées et en poudre
Une pincée d'épices mélangées moulues
1 cuil. à soupe de beurre, si désiré

Trancher les navets verticalement, puis en julienne de 1 cm de large. Couper le céleri en longueurs de 4 cm, puis en julienne de 1 cm de large. Couper les carottes, puis les débiter en étroites et minces lamelles dans le sens de la longueur avec un éplucheur à légumes. Mettre les légumes de côté. Chauffer une cuillerée à soupe d'huile dans le wok à feu vif. Ajouter les champignons. Sauter et remuer 2 minutes. Ajouter le cognac ou le brandy. Couvrir le wok ; mijoter durant 1 minute. Verser les champignons et le liquide dans un petit bol ; conserver au chaud. Chauffer la cuillerée d'huile qui reste dans le wok à feu vif. Ajouter le navet, le céleri et les lamelles de carottes. Sauter et remuer de 2 à 3 minutes. Ajouter le bouillon ou l'eau, le sel, le thym et les épices mélangées. Couvrir le wok ; mijoter 2 minutes. Ajouter le mélange de champignons précuits. Sauter jusqu'à ce que le liquide se soit presque entièrement évaporé, de 1½ à 2 minutes. Si désiré, ajouter du beurre. Sauter jusqu'à consistance tendre.

4 portions

Légumes d'Été Sautés au Jambon

Mélanger les légumes du jardin au jambon.

1 cuil. à soupe d'huile
4 branches de céleri, tranchées
   diagonalement
1 piment vert, coupé en carrés de 1 cm
6 à 8 radis tranchés minces
2 cuil. à soupe de bouillon de légumes
   ou d'eau

1 tasse de jambon émincé
2 tasses de maïs en grains (4 ou 5 épis
   de maïs)
2 cuil. à soupe de crème sure, à la
   température de la pièce
Sel
Poivre noir, moulu

Chauffer l'huile dans le wok à feu vif. Ajouter le céleri, le piment vert et les radis. Sauter 1 minute. Ajouter le bouillon ou l'eau. Couvrir le wok. Cuire 1 minute. Ajouter le jambon et le maïs. Sauter 1 minute. Réduire à feu modéré. Retirer le wok du feu durant 30 secondes. Y incorporer la crème sure, le sel et le poivre. Sauter 30 secondes. Servir immédiatement.

4 portions

PRÉPARATION DES LÉGUMES VERTS

Placer les légumes verts dans l'évier et les couvrir d'eau froide. Avec la main, faire tournoyer dans l'eau. Le sable et la saleté descendront au fond de l'évier alors que les légumes verts propres remonteront à la surface. Éponger les légumes verts à l'aide de papier absorbant, les envelopper sans les serrer dans du papier absorbant sec et les placer au réfrigérateur. Après plusieurs heures, ils seront plus croustillants que quand vous les avez achetés au marché.

Concombres Sautés

Les concombres que vous trouvez délicieux en salade, le sont tout autant cuits dans le wok.

6 concombres de grosseur moyenne
1 cuil. à café de sel
1 cuil. à soupe de beurre

2 cuil. à soupe de fenouil frais,
émincés ou 1½ cuil. à café de feuilles
de fenouil séchées
Poivre noir, grossièrement moulu

Peler les concombres, les couper en deux dans le sens de la longueur. Utiliser une cuillère à pamplemousse ou à melon pour épépiner. Couper finement ou émietter grossièrement les moitiés de concombres. Déposer dans une grande passoire. Saupoudrer de sel. Retourner de façon à répartir le sel uniformément. Laisser reposer 1 heure au-dessus d'un bol pour égoutter. Presser afin d'éliminer le plus de liquide possible. Faire chauffer le beurre dans le wok à feu modéré. Ajouter les concombres égouttés et le fenouil. Sauter en remuant 1 minute. Saupoudrer de poivre. Servir immédiatement.   4 portions.

Zucchini à la Sauce au Pistou

Le basilic est habituellement l'ingrédient primordial d'une sauce au pistou, mais le persil est plus facile à trouver.

4 zucchini moyens
1 cuil. à soupe d'huile
2 cuil. à soupe d'eau

Sel et poivre
Parmesan râpé

Sauce au pistou :
Environ 6 cuil. à soupe d'huile d'olive
1 gousse d'ail hachée
1 cuil. à café de sel
¼ cuil. à café de poivre
½ tasse de feuilles de persil, bien
remplie

2 cuil. à soupe de noix hachées
1 cuil. à café de feuilles de basilic
sèches et en poudre
2 cuil. à soupe de parmesan râpé

Préparer la sauce au pistou et la mettre de côté. Couper les zucchini en tranches de 5 cm, puis en bandes de 1 cm de large. Chauffer l'huile dans le wok à feu modéré. Ajouter les zucchini et les sauter 1 minute. Ajouter de l'eau. Couvrir le wok, laisser mijoter 2 minutes. Découvrir. Remuer les zucchini pendant 2 minutes. Ajouter la sauce au pistou, le sel et le poivre. Déposer à la cuillère dans des bols de service de grosseur moyenne. Saupoudrer généreusement de parmesan râpé. Servir chaud.   4 portions

SAUCE AU PISTOU

Mélanger 5 cuillerées à soupe d'huile d'olive et les autres ingrédients dans un mélangeur. Mettre en marche et arrêter l'appareil alternativement, jusqu'à ce que le persil et les noix soient grossièrement coupés. Ajouter davantage d'huile, une cuillerée à café à la fois, jusqu'à ce que la sauce soit assez épaisse pour former une butte lorsqu'on la laisse couler d'une cuillère. Si le travail est effectué à la main : placer l'ail et le sel sur une surface plane. Émincer l'ail. Le sel absorbera le jus de l'ail. Hacher le persil et les noix jusqu'à ce qu'ils soient émincés. Mélanger l'ail et les noix émincés, le persil, le sel et les autres ingrédients dans un bol de grosseur moyenne. Battre jusqu'à obtenir un mélange parfait.   Donne 1 tasse de sauce.

Légumes à la Vapeur

Probablement la façon la plus savoureuse d'apprêter les légumes frais de votre jardin

Environ 1 livre de légumes frais
Sel au goût
Beurre si désiré à la température de la
pièce
Beurre à l'ail doux et moelleux page 136

Vinaigrette
Crème d'anchois faible en calories
page 135
ou Sauce rapide au curry page 133
ou Sauce au citron page 133

Rincer et préparer les légumes. Installer la grille dans le wok. Verser de l'eau dans le wok jusqu'à 2,5 cm sous la grille. À feu modéré, amener l'eau à ébullition légère. Disposer les légumes sur le support en une seule couche, ou se chevauchant légèrement. Ou les mettre dans un plat en verre allant au four. Éviter d'entasser les légumes. Si nécessaire, cuire plutôt les légumes quelques-uns à la fois, en suivant le tableau des temps de cuisson des légumes à la vapeur. Varier le temps de cuisson si nécessaire. Les légumes mûrs requièrent plus de temps que les légumes jeunes. Les légumes à la température de la pièce cuiront plus rapidement que les légumes glacés. Vérifier de temps en temps le niveau d'eau dans le wok. Si nécessaire, ajouter de l'eau bouillante pour maintenir un niveau d'eau approprié. Lorsque les légumes sont cuits, les retirer du support. Disposer sur un plateau ou sur des plats de service. Saupoudrer de sel au goût. Si désiré, retourner légèrement les légumes chauds dans du beurre à l'ail ou dans de la vinaigrette, puis réfrigérer jusqu'à ce qu'ils soient glacés, ou servir les légumes glacés avec de la crème d'anchois, faible en calories, de la sauce rapide au curry ou de la sauce au citron. Servir comme salade ou plat d'accompagnement.

4 à 6 portions

Temps de Cuisson à la Vapeur

Légume	Temps de Cuisson (minutes)	Légume	Temps de Cuisson (minutes)
Asperges moyennes entières	5 à 6	Champignons, en tranches de 5 mm	5
Fèves vertes entières fraîches	10	Oignons (3-4 cm) entiers	12
Fèves vertes entières congelées (300 g)	12	Oignons (8-10 cm) en quartiers	12
Germes de soja	2 à 3	Petits pois écossés	5 à 7
Betteraves moyennes entières	25 à 30	Poivrons en bandes de 15 mm	4 à 5
Brocoli (branches de 1 cm d'épaisseur)	6 à 7	Pommes de terre rouges nouvelles (petites)	15 à 20
Choux de Bruxelles moyens entiers	9	Pommes de terre jaunes (150 g chacune)	25 à 30
Chou (500 g) en quartiers	15		
Chou déchiqueté (dans un plat peu profond)	10	Pois des neiges (Haricots mange-tout) entiers	4 à 5
Chou coupé en huit	11	Courge (500-700 g) coupée en deux	20 à 25
Carottes moyennes entières (100 g chacune)	15	Courgettes (zucchini) entières (4 cm de diamètre)	8
Carottes en lamelles	5	Courgettes (zucchini) en tranches de 1 cm	5
Chou-fleur découpé	8 à 10	Navets blancs moyens (90 g chacun)	25 à 30
Maïs frais entier	5 à 7		
Aubergine (450 g) coupée en deux dans le sens de la longueur	13		

Légumes Sautés à la Grecque

Accompagné de pita et d'un carafon de vin blanc léger, ce repas de midi deviendra un événement mémorable.

2 cuil. à soupe d'huile
2 tasses de chou-fleur
225 g de fèves vertes entières, préparées
2 ou 3 petits zucchini, tranchés minces
1 gousse d'ail broyée
1 boîte de 225 g de sauce tomate
2 cuil. à soupe de jus de légumes ou d'eau
1 cuil. à café de sel

½ cuil. à café d'origan en poudre
¼ cuil. à café de romarin en poudre
2 petites tomates, en quartiers
½ tasse d'olives grecques, dénoyautées et tranchées
3 tasses de riz cuit chaud ou 6 feuilles de laitue croustillante
Environ ½ tasse de fromage feta émietté

Chauffer l'huile dans le wok à feu vif. Ajouter les choux-fleurs, les fèves vertes, les zucchini et l'ail. Sauter et remuer jusqu'à ce que les légumes soient tendres et croquants, de 2 à 3 minutes. Verser la sauce tomate, le bouillon ou l'eau, le sel, l'origan et le romarin. Réduire à feu doux. Couvrir le wok, mijoter 5 minutes. Ajouter les tomates et les olives. Déposer à la cuillère sur le riz ou les feuilles de laitue croustillante. Saupoudrer chaque portion de 1 cuillerée à soupe de fromage.

6 portions

Fèves Vertes et Champignons

Un parfait mélange de légumes frais du jardin

1 oignon blanc moyen
3 cuil. à soupe d'huile
120 g de champignons, tranchés verticalement
450 g de fèves vertes fraîches, coupées en petits morceaux (1 cm)

½ tasse de bouillon de poulet ou de bouillon de légumes
½ cuil. à café de sucre
1 cuil. à soupe de sauce au soja
2 cuil. à soupe de sherry sec

Couper verticalement les oignons en tranches minces. Diviser les tranches en lamelles. Mettre de côté. Faire chauffer 1 cuillerée à soupe d'huile dans le wok à feu vif. Ajouter les champignons; sauter 1 minute. À l'aide d'une cuillère perforée, déposer les champignons dans un grand bol. Faire chauffer la seconde cuillerée à soupe d'huile dans le wok à feu vif. Ajouter les lamelles d'oignons, sauter en remuant doucement 1 minute. Retirer à la cuillère les oignons cuits et les ajouter aux champignons. Faire chauffer la cuillerée à soupe d'huile restante dans le wok à feu vif. Ajouter les fèves, sauter et remuer légèrement jusqu'à ce que les fèves prennent une couleur brillante et soient luisantes d'huile. Réduire la chaleur à feu doux. Ajouter le bouillon et le sucre. Couvrir le wok. Brasser de temps en temps. Cuire jusqu'à ce que les fèves soient tendres, de 10 à 20 minutes, dépendamment de la grosseur et de l'âge des fèves. Ajouter les oignons, les champignons cuits, la sauce au soja et le sherry. Retourner pour répartir le tout. Augmenter à feu vif. Sauter en remuant jusqu'à ce que le liquide se soit presque entièrement évaporé, de 3 à 5 minutes.

4 portions

Paëlla aux Légumes

Un mélange de délicieux légumes croustillants et de riz.

Environ 120 g de brocoli	**1 cuil. à café de sel**
3 tasses d'eau froide salée	**½ cuil. à café de piment rouge séché**
2 petits zucchini	**concassé**
½ piment vert moyen	**1 paquet de 200 g de mélange de riz**
2 cuil. à soupe d'huile	**à l'espagnole**
1 petit oignon haché	**2½ tasses d'eau**
1 gousse d'ail émincée	**1 cuil. à soupe de beurre**
1 boîte de 450 g de tomates	**1 tasse de pois cuits**

Couper les brocoli en deux de la tête à la tige. Conserver l'autre moitié pour un autre usage. Séparer les têtes des tiges. Déposer les têtes de brocoli dans de l'eau salée. Mettre de côté. Couper les tiges en morceaux de 1 cm de long. Couper chacun des zucchini en 4 bandes sur la longueur, puis en morceaux de 1,5 cm. Couper le piment vert en carrés de 1 cm. Chauffer l'huile dans le wok à feu vif. Ajouter les tiges de brocoli, les zucchini, le piment vert, l'oignon et l'ail. Sauter de 2 à 3 minutes. Ajouter les tomates avec le jus. Défaire les tomates en utilisant une cuillère de bois. Ajouter le sel, le piment rouge, le mélange de riz, 2½ tasses d'eau et le beurre. Amener à ébullition. Réduire à feux doux. Couvrir le wok. Laisser mijoter jusqu'à ce que la plus grande partie du liquide soit absorbée, environ 10 minutes. Égoutter l'eau des têtes de brocoli. Rincer sous l'eau courante, puis sécher avec un papier absorbant. Verser les têtes de brocoli et les pois dans le mélange de riz. Couvrir le wok. Laisser mijoter 10 minutes. Retirer le wok du feu et laisser reposer 10 minutes de plus avec le couvercle. Remuer le mélange avant de servir. Pour servir plus tard, garder à la température de la pièce 2 à 3 heures dans le wok. Au moment de servir, ajouter 2 ou 3 cuillerées à soupe d'eau et réchauffer à feu doux. Ou mettre la paella sur une assiette en verre allant au four de 30 × 20 cm. Couvrir et réfrigérer. Laisser sur le comptoir jusqu'à ce que le mélange soit à la température de la pièce, environ une quinzaine de minutes, puis réchauffer 20 minutes au four à 350° F (175° C).   8 portions

Burritos aux Légumes avec Sauce à l'Avocat

Une façon irrésistible de servir des légumes bons pour la santé.

2 cuil. à soupe d'huile	**12 tortillas à la farine (20 cm)**
3 gros zucchini, finement tranchés	**2 tasses de fromage cheddar, émietté**
250 g de champignons, finement	**1 gros avocat pelé et dénoyauté**
tranchés	**1 tasse de crème sure**
2 grosses tomates mûres coupées en	**1 cuil. à soupe de jus de citron**
morceaux	**½ cuil. à café de sel**
Sel au goût — Poivre noir frais moulu	**24 tranches d'avocat**

Faire chauffer l'huile dans le wok à feu modéré. Ajouter les zucchini et les champignons. Sauter pendant 2 minutes. Ajouter les tomates et sauter encore 1 minute. Éviter de trop cuire les légumes. Retirer les légumes du wok. Saler et poivrer, puis mettre de côté. Essuyer le wok avec un papier absorbant. Remettre à feu modéré. Chauffer les tortillas, une à la fois, dans le wok non graissé, en les retournant fréquemment jusqu'à ce qu'elles soient tendres. Déposer 2 cuillerées à soupe combles de fromage et 2 cuillerées à soupe combles du mélange de légumes dans le centre de chaque tortilla ; rouler comme pour un gâteau roulé. Disposer sur une assiette de verre allant au four de 30 × 20 cm. Installer la grille dans le wok. Verser de l'eau dans le wok, jusqu'à 2,5 cm sous la grille. Amener l'eau à légère ébullition à feu modéré. Déposer l'assiette sur la grille. Couvrir le wok. Cuire à la vapeur jusqu'à ce que le mélange soit chaud, de 5 à 7 minutes. Dans un bol de grosseur moyenne, écraser un avocat jusqu'à consistance lisse ; y ajouter la crème sure, le jus de citron et ½ cuillerée à café de sel. Pour servir les burritos, couronner chacun d'une cuillerée à soupe comble de sauce à l'avocat. Garnir de 2 tranches d'avocat.   6 portions

Maïs de Pique-Nique

Des enveloppes de maïs frais farcies à la picadillo (mexicain).

8 épis de maïs frais dans leur enveloppe	1 cuil. à café de cumin moulu
2 cuil. à soupe d'huile	½ cuil. à café de sel
1 gros oignon blanc, haché	200 g de mélange à farce au pain de
1 gousse d'ail hachée	maïs assaisonné
450 g de bœuf haché maigre	35 g de mélange à taco assaisonné
¼ tasse d'olives tranchées, farcies au	¾ tasse de bouillon de légumes ou
piment	d'eau
120 g de piments verts hachés	4 œufs, légèrement battus

Installer la grille dans le wok. Y verser de l'eau jusqu'à 2,5 cm sous la grille. Amener l'eau à ébullition légère à feu modéré. Disposer le maïs sur la grille, sans l'empiler, dans son enveloppe. Couvrir le wok. Laisser mijoter 5 minutes. Mettre de côté le maïs et le laisser refroidir suffisamment pour pouvoir le manipuler avec les mains. Enlever l'eau du wok. Essuyer à fond avec du papier absorbant. Retirer les feuilles extérieures des enveloppes ; les jeter. Rabaisser prudemment les feuilles intérieures, une à la fois sans toutefois les détacher de la tige. Retirer les soies et les jeter. En utilisant un couteau pointu trancher l'épi de maïs de sa base, en laissant les feuilles attachées à la tige. Replacer doucement les feuilles constituant l'enveloppe dans leur position originale. Les mettre de côté. Enlever les grains de maïs des épis. Dans un bol de grosseur moyenne, mettre 4 tasses de grains de maïs. Mettre de côté. Conserver le reste du maïs pour un autre usage. Chauffer l'huile dans le wok à feu vif. Ajouter l'oignon et l'ail. Sauter en remuant, 1 minute. Ajouter le bœuf haché. Continuer de sauter en remuant jusqu'à ce que la viande ne soit plus rose, de 4 à 5 minutes. Retirer les jus de cuisson, sauf 1 cuillerée à soupe. Ajouter le maïs. Sauter 1 minute, puis retirer le wok du feu. Ajouter les ingrédients qui restent et bien mélanger. Placer une enveloppe debout, la tige vers le fond, dans un grand verre. À l'aide d'une cuillère, rabattre l'enveloppe contre les parois du verre. Remplir la cavité de l'enveloppe de mélange à farce, puis la ficeler et la mettre de côté. Procéder de la même façon avec chacune des enveloppes. Installer la grille dans le wok. Y verser de l'eau, jusqu'à 2,5 cm sous la grille. Amener à ébullition légère sur feu modéré. Disposer les enveloppes farcies sur la grille en une seule couche. Couvrir le wok. Laisser mijoter de 25 à 30 minutes. Servir chaud ou à la température de la pièce. Pour réchauffer, cuire à la vapeur dans le wok de 10 à 15 minutes, ou au barbecue, après avoir emballé chaque enveloppe farcie dans du papier d'aluminium, sans serrer, en le pliant pour faire un emballage hermétique. Laisser réchauffer, environ 10 minutes, sur le bord de la grille.   8 portions

Germes de Soja Sautés

250 g de germes de soja
2 cuil. à soupe d'huile d'arachide ou
   d'huile végétale
1 cuil. à café d'huile de sésame
1 cuil. à café de sel et 1 de sucre

1 cuil. à café de piment rouge séché,
   piquant et haché
2 cuil. à soupe de jus de citron
2 cuil. à soupe de bouillon de poulet ou
   de bouillon de légumes ou d'eau

Déposer les germes de soja dans un grand bol d'eau froide, utiliser les mains pour les agiter dans l'eau. Retirer de l'eau et mettre dans une passoire. Égoutter de 5 à 10 minutes, puis essorer avec du papier absorbant. Faire chauffer l'huile d'arachide ou huile végétale et l'huile de sésame, dans le wok à feu modéré. Ajouter les germes de soja. Sauter et remuer 1 minute. Ajouter le sel, le sucre, le piment rouge, le jus de citron et le bouillon ou l'eau. Couvrir le wok, laisser mijoter 1 minute. Retirer le couvercle du wok. Sauter en remuant jusqu'à ce que les germes de soja commencent à se déssécher mais soient encore croustillants. Servir immédiatement.   4 portions

Pommes de Terre Douces Sautées

Servir ces pommes de terre avec du jambon cuit. Elles forment un duo parfait.

900 g de pommes de terre douces   1 cuil. à soupe de sel   1 cuil. à soupe d'huile

Sauce Japonaise Veloutée Beige :
½ tasse de graines de sésame
2 cuil. à soupe de sucre
2 cuil. à soupe de vinaigre de riz ou
   de vinaigre de vin blanc

1 cuil. à soupe de sauce au soja
1 cuil. à soupe de vin de riz ou de
   vin blanc sec
2 cuil. à soupe d'eau
1 cuil. à café de fécule de maïs

Préparer la sauce japonaise veloutée beige. Conserver au chaud jusqu'au moment de servir. Éplucher les pommes de terre et en faire des tranches aussi minces que possible. Couper en julienne. Les déposer dans un grand bol. Saupoudrer de sel. Avec les doigts, faire pénétrer le sel dans les morceaux de pommes de terre. Laisser reposer 10 minutes. Retourner dans un tamis fin. Rincer à l'eau courante. Égoutter et enlever le plus d'eau possible en utilisant du papier absorbant. Chauffer l'huile dans le wok à feu modéré. Ajouter les lamelles de pommes de terre asséchées. Sauter de 2 à 3 minutes. Jusqu'à ce qu'elles soient cuites à cœur, mais encore croustillantes. Les déposer à la cuillère dans un bol. Ajouter la sauce, retourner pour enrober. Servir chaud ou à la température de la pièce.   4 portions

SAUCE JAPONAISE VELOUTÉE BEIGE

Chauffer le wok à feu vif. Ajouter les graines de sésame. Remuer et sauter jusqu'à ce que les graines soient odorantes, de 1 à 2 minutes. Dans un mélangeur, combiner les graines de sésame chaudes, le sucre, le vinaigre, la sauce au soja et le vin. Les mélanger jusqu'à consistance lisse. On peut aussi déposer les graines de sésame chaudes dans un mortier, broyer avec un pilon, ajouter les ingrédients ci-dessus et bien mélanger. Verser le mélange aux graines de sésame dans la partie supérieure d'un bain-marie. Placer au-dessus de l'eau bouillante. Dans un petit bol, mélanger l'eau et la fécule de maïs. Verser dans le mélange de graines de sésame. Toujours au-dessus de l'eau bouillante, brasser jusqu'à ce que le mélange épaississe légèrement, de 3 à 4 minutes.

Donne ¾ de tasse de sauce.

Les Salades au Wok

Des salades cuites au wok ? Mais les salades doivent être servies fraîches ou froides ! Pas nécessairement. Dans la confection des salades, une seule loi ne doit à aucun prix être transgressée : tous les ingrédients composant une salade doivent être les meilleurs sur le marché. Hormis ceci, il appartient au cuisinier de décider ce que sera une salade et de quelle façon elle sera apprêtée.

En France, les salades, généralement, ne se composent de rien de plus que de laitue fraîche, assaisonnée d'huile et de vinaigre et servie à la température de la pièce. Les Français considèrent que la saveur délicate des laitues serait perdue si on ajoutait autre chose et atténuée si on la réfrigérait. En Asie et dans les pays du Moyen-Orient, une salade peut être composée de nombreux légumes, mais souvent sans aucune laitue. Elle peut être servie froide, chaude, ou à la température de la pièce.

Faire une salade sautée est une opération tout à fait simple. En premier lieu, retirez toutes les feuilles extérieures impropres à la consommation. Lavez la salade à grande eau. Épongez avec du papier absorbant pour enlever le plus d'eau possible, sinon le feuillage mouillé fera sauter l'huile dans le wok. La cuisson se fait en quelques secondes. Selon les directives des recettes utilisées, tranchez, coupez en dés ou émiettez les légumes, afin qu'ils soient tous prêts à être cuits en même temps. Rassemblez tous les ingrédients près du wok avant de débuter. Disposez les couverts à table et invitez les convives à prendre place. Les salades sautées sont conçues pour être dégustées immédiatement au sortir du wok.

Une des meilleures salades qu'il m'ait été donné de manger est une salade aux épinards et bacon, servie dans un restaurant de Manhattan, le « Michel's Pub ». Il m'a toujours été impossible d'en reproduire le goût précis, jusqu'au jour ou je l'apprêtai au wok. Le secret de cette saveur particulièrement délectable est d'ajouter à la vinaigrette du jus de cuisson de bacon encore tout chaud et d'ajouter les épinards à cette sauce chaude dans le wok au lieu de l'inverse. Avec du pain français et un morceau de brie bien crémeux, cette salade peut devenir un repas léger très raffiné.

Laitue Chaude

La laitue croustillante sautée est tout simplement délicieuse.

1 cuil. à soupe de sauce hoisin ou au soja
2 cuil. à soupe de sherry sec
1 petite tête de laitue iceberg

1 cuil. à soupe d'huile
1 petite gousse d'ail hachée
1 cube (2,5 cm) de racine de gingembre haché

Mélanger la sauce hoisin ou la sauce au soja et le sherry dans un petit bol. Mettre de côté la laitue. Défaire la laitue à la main, en morceaux de la grosseur d'une bouchée. Donne environ 3 tasses. Rincer à l'eau froide. Essorer avec du papier absorbant. Faire chauffer l'huile dans le wok à feu modéré. Ajouter l'ail et le gingembre, sauter en remuant jusqu'à ce qu'ils soient légèrement brunis. Jeter l'ail et le gingembre. Augmenter à feu vif. Ajouter la laitue dans le wok. Sauter 30 secondes. Y incorporer le mélange au sherry. Retourner légèrement pour enrober tous les morceaux de laitue. Couvrir le wok, laisser mijoter 30 secondes. La laitue doit être servie croustillante. Servir immédiatement. 4 portions

Salade du Chef, Chaude & Froide

Salade verte croustillante accompagnée d'une vinaigrette savoureuse et couronnée de champignons sautés.

100 g de fromage suisse tranché mince
100 g de jambon tranché mince
2 à 4 cœurs de laitue (de la Boston ou autre laitue douce)
¼ de tasse de persil frais émincé
2 cuil. à soupe de ciboulette émincée

2 cuil. à soupe de câpres, si désiré
1 piment vert
Vinaigrette (voir recette ci-dessous)
3 cuil. à soupe de beurre
225 g de petits champignons frais
¼ tasse de croûtons à l'ail

VINAIGRETTE :

¹/₃ tasse de vinaigre blanc ou de vinaigre aux herbes
1 cuil. à soupe de jus de citron
¼ cuil. à café de moutarde sèche ou 1 cuil. à café de moutarde de Dijon

½ cuil. à café de sucre
½ tasse d'huile
Sel au goût
Poivre noir frais moulu

Découper le fromage et le jambon en julienne. Mélanger dans un grand bol et mettre de côté. Rincer la laitue et la sécher. Avec les mains, déchiqueter en morceaux de la grosseur d'une bouchée. Ne pas utiliser de couteau. Ajouter le mélange de fromage, le persil, la ciboulette et les câpres, si désiré. Réfrigérer de 30 à 40 minutes. Couper le piment vert en julienne ; mettre de côté. Préparer la vinaigrette. Au moment de servir la salade, mélanger la vinaigrette avec le mélange de laitue refrigérée. Déposer de 4 à 6 cuillerées à soupe de salade dans des assiettes ; mettre de côté. Chauffer le beurre dans le wok à feu vif. Y mettre les morceaux de piment vert et les champignons. Sauter en remuant jusqu'à ce qu'ils soient légèrement croquants, environ 3 minutes. Ajouter les croûtons. Couronner chaque assiette de salade de 2 à 4 cuillerées à soupe de mélange aux champignons. Servir immédiatement. 4 à 6 portions

VINAIGRETTE: Dans un bol de grosseur moyenne, mélanger tous les ingrédients. Battre au fouet ou au mélangeur jusqu'à parfait mélange. Donne ¾ de tasse.

Salade Tex-Mex Sautée

Salade d'origine mexicaine, servie chaude, sur de la laitue froide.

**4 tasses de laitue iceberg finement
coupée**
1 grosse orange
12 tomates cerise, coupées en deux
**½ tasse d'olives farcies au piment,
tranchées**
1 cuil. à soupe d'huile
450 g de bœuf maigre haché
1 oignon moyen haché
**450 g de haricots rouges en boîte
égouttés**

1 cuil. à soupe de poudre de chili
2 cuil. à soupe de vinaigre de vin rouge
2 cuil. à soupe de graines de cumin
½ cuil. à café de sel
¼ cuil. à café de poivre
**1 tasse de fromage cheddar doux
émietté**
10 tranches d'avocat
Environ 1 tasse de crème sure

Garnir de laitue un grand plat. Mettre de côté. Peler l'orange, enlever toute la peau
blanche. Couper l'orange en tranches minces. Couper les tranches en deux. Disposer
les moitiés de tranches d'orange, les demi-tomates et les olives en alternant sur le bord
du plat de service. Réfrigérer. Faire chauffer l'huile dans le wok à feu vif. Ajouter le
bœuf haché. Sauter en remuant jusqu'à ce que la viande perde sa couleur rosée, de 3 à 4
minutes. Ajouter l'oignon ; continuer de cuire en remuant jusqu'à ce que l'oignon soit
tendre. Ajouter les haricots rouges, la poudre de chili, le vinaigre, les graines de cumin,
le sel et le poivre. Sauter et mélanger jusqu'à ce que le mélange soit chaud, 3 à 4
minutes. À la cuillère, déposer le tout dans le centre du plat garni de laitue. Saupoudrer
de fromage. Garnir de tranches d'avocat. Servir de la crème sure dans un petit bol de
service, comme sauce pour la salade.   4 à 6 portions

Salade de Chou Chaude à la Russe

Croustillante et crémeuse.

225 g de bacon maigre tranché mince
2 cuil. à soupe d'huile
**1 petite tête de chou vert, finement
coupé**

2 cuil. à soupe d'eau
1 cuil. à café de sel
1 tasse de crème sure
1 cuil. à soupe de jus de citron

Couper le bacon en morceaux de 2,5 cm. À feu modéré, cuire le bacon dans le wok,
jusqu'à ce qu'il soit croustillant, en brassant de temps en temps. Retirer le bacon du
wok avec une cuillère perforée. Égoutter sur du papier absorbant. Mettre de côté. Jeter
les jus de cuisson. Essuyer le wok avec une serviette de papier. Chauffer l'huile dans le
wok à feu vif. Ajouter le chou, sauter en remuant 2 minutes. Ajouter l'eau et le sel.
Couvrir le wok. Laisser mijoter 2 minutes. Retirer le couvercle, continuer la cuisson en
remuant, jusqu'à ce que liquide se soit évaporé et que le chou ait perdu son goût cru ; il
doit cependant rester croquant. Ajouter le bacon en réserve, la crème sure et le jus de
citron. Mélanger doucement. Servir immédiatement.   6 portions

Salade de Légumes Frais à la Vapeur

Un plat intéressant à ajouter à un buffet. Particulièrement appétissant sur un plateau.

60 g de filets d'anchois roulés, farcis
  aux câpres
Environ ¼ tasse d'huile d'olive ou
  d'huile végétale
2 cuil. à soupe de vinaigre de vin blanc
1 cuil. à soupe de jus de citron
1 cuil. à soupe de moutarde sèche
6 petites pommes de terre nouvelles,
  pelées et coupées en deux ou en
  quartiers

1 cuil. à café de sucre
3 carottes moyennes, râpées, coupées
  en tranches de 1 cm
225 g de fèves vertes préparées
1 concombre moyen, en tranches
  minces
2 petites tomates, en quartiers
Feuilles de laitue bien ferme
½ tasse d'olives farcies au piment
  tranchées

Égoutter les filets d'anchois en conservant l'huile dans une tasse à mesurer. Mettre les anchois de côté. Ajouter de l'huile d'olive ou de l'huile végétale à l'huile d'anchois pour obtenir 1/3 de tasse d'huile en tout. Verser dans un grand bol, qui ne soit pas en métal. Ajouter le vinaigre, le jus de citron, la moutarde sèche et le sucre. Battre au fouet jusqu'à parfait mélange. Mettre de côté à la température de la pièce. Installer la grille dans le wok. Verser de l'eau dans le wok, jusqu'à 2,5 cm sous la grille. Amener à ébullition légère à feu modéré. Placer les pommes de terre, les carottes et les fèves vertes sur la grille ou dans un plat de cuisson en verre de 20 cm de côté. Couvrir le wok. Laisser mijoter 10 minutes ou jusqu'à ce que les légumes soient tendres et croquants. Ne pas trop cuire. Ajouter les légumes cuits chauds à la vinaigrette dans le bol. Retourner pour couvrir uniformément les légumes. Réfrigérer de 1½ à 2 heures jusqu'à refroidissement ou toute la nuit. Ajouter le concombre et les tomates. Retourner pour répartir uniformément la vinaigrette. Réfrigérer à nouveau jusqu'au moment de servir. Garnir un grand bol à service, un plateau ou des assiettes avec des feuilles de laitue ; mettre de côté. Retirer les légumes de la vinaigrette et égoutter. Les déposer sur les feuilles de laitue. Garnir avec les olives tranchées et les filets d'anchois en réserve.

6 portions

Salade d'Épinards Sautés

Lorsque vous aurez essayé cette salade d'épinards, vous ne la préparerez jamais plus d'une autre façon.

450 g de feuilles d'épinards fraîches
6 tranches épaisses de bacon maigre
1 gousse d'ail émincé
225 g de champignons tranchés
  verticalement

¼ tasse de vinaigre d'estragon
1 cuil. à soupe de jus de citron
1 cuil. à café de sucre
Sel
½ tasse de croûtons

Rincer les feuilles d'épinards. En enlever les tiges. Essorer les feuilles avec du papier absorbant. Mettre de côté. Couper le bacon sur la largeur, en morceaux de 1,5 cm et le cuire dans le wok à feux doux, jusqu'à ce qu'il soit croustillant, en brassant souvent. Égoutter sur du papier absorbant. Mettre de côté. Conserver ¼ de tasse de jus de cuisson de bacon dans le wok. Enlever le surplus. Ajouter l'ail au jus de cuisson dans le wok, cuire à feu doux durant 1 minute en sautant et remuant. Augmenter à feu vif. Ajouter les champignons, sauter une minute, ajouter les feuilles d'épinards préparées, le bacon cuit, le vinaigre, le jus de citron et le sucre. Saupoudrer légèrement de sel. Retourner les épinards jusqu'à ce qu'ils soient uniformément recouverts de vinaigrette. Ajouter les croûtons. Servir immédiatement.

4 portions

Salade de Poulet Chaude

Cette salade-repas sera la vedette de votre prochain repas de fête.

6 cuisses de poulets, sans peau
¼ tasse de fécule de maïs
2 cuil. à soupe d'huile
2 tranches de céleri, coupées diagonalement en petits morceaux
120 g de champignons tranchés verticalement
½ tasse d'oignons verts hachés grossièrement
⅓ tasse de châtaignes d'eau hachées
1/8 cuil. à café de poudre d'ail
¼ tasse de bouillon de poulet ou de bouillon de légumes
2 cuil. à soupe de sauce au soja
2 cuil. à soupe de saké ou de sherry sec
4 grandes feuilles de laitue croustillante
2 tasses de laitue iceberg finement coupée
1 tasse de germes de soja

Couper la chair de poulet en cubes de 1,5 cm. Les rouler dans la fécule de maïs, en les enrobant bien. Faire chauffer l'huile dans le wok à feu modéré. Y mettre le poulet et cuire en remuant jusqu'à consistance ferme et légèrement brune, environ 5 minutes. Ajouter le céleri, les champignons, l'oignon vert et les châtaignes d'eau. Sauter 1 minute. Ajouter la poudre d'ail, le bouillon, la sauce au soja, le saké ou le sherry. Couvrir le wok ; laisser mijoter 5 minutes. Disposer les feuilles de laitue sur un plateau de service ou sur des assiettes individuelles. Mettre de côté. Verser la laitue coupée et les germes de soja dans le mélange de poulet. Sauter jusqu'à ce que le tout soit chaud, environ 30 secondes. Avec une cuillère, déposer rapidement le mélange de poulet sur les feuilles de laitue.   4 portions

Salade de Crevettes Piquantes

Une façon superbe de faire une grosse salade avec quelques crevettes.

1 oignon moyen
2 branches de céleri
1 petit piment vert
1 petit piment rouge
2 cuil. à soupe d'huile d'arachide ou d'huile végétale
1 gousse d'ail hachée
1 cube de 2,5 cm de racine de gingembre hachée
1 tasse de germes de soja
450 g de crevettes moyennes, décortiquées et débarrassées de leurs veines dorsales
1 cuil. à café de sucre
1 cuil. à soupe de jus de citron
2 cuil. à soupe de sauce au soja
1 cuil. à café d'huile de sésame
6 à 8 feuilles de laitue romaine coupées très finement

Couper l'oignon à la verticale en tranches minces. Diviser de nouveau à la verticale, couper le céleri en tronçons de 1 cm diagonalement. Couper les piments verts et rouges en julienne. Mettre les légumes de côté. Chauffer l'huile d'arachide ou végétale dans le wok à feu vif. Ajouter l'ail et le gingembre. Sauter jusqu'à ce qu'ils soient légèrement bruns. Mettre de côté l'ail et le gingembre. Mettre dans le wok les tranches d'oignon et de céleri et les lamelles de piments verts et rouges. Sauter en remuant 30 secondes. Ajouter les germes de soja et sauter 30 secondes. Ajouter les crevettes ; sauter 1 minute. Ajouter le sucre, le jus de citron, la sauce au soja et l'huile de sésame. Retourner pour enrober uniformément. Laisser mijoter 15 secondes. Ajouter en incorporant la laitue et la retourner jusqu'à ce qu'elle soit bien enrobée. Disposer le tout dans un plat de service chaud.   4 portions

Salade Orientale avec Riz Frit

Aussi délicieuse à manger qu'elle est facile à préparer. La sensation d'un goût inédit.

1 tasse de germes de soja
2 tomates mûres, fermes
4 à 6 tasses d'eau bouillante
1 concombre de grosseur moyenne

2 tasses de laitue romaine, coupée à la main
Vinaigrette Orientale (voir ci-dessous)
Riz frit (voir ci-dessous)

VINAIGRETTE ORIENTALE :

2 cuil. à soupe de sauce au soja
1 cuil. à soupe de vinaigre de vin blanc
1 cuil. à café de sucre

2 cuil. à soupe d'huile d'arachide ou d'huile végétale
1 cuil. à café d'huile de sésame, si désiré

RIZ FRIT :

2 cuil. à soupe d'huile
1 petit oignon haché
1 tasse d'agneau, de porc ou de bœuf cuit, en tranches fines
3 tasses de riz cuit, froid

1 cuil. à soupe de sauce Hoisin ou de sauce au soja
2 cuil. à café de sherry sec
2 cuil. à café de sauce au soja

Placer les germes de soja dans un grand bol, mettre de côté. Maintenir les tomates dans de l'eau bouillante pendant 30 secondes, puis les passer immédiatement sous l'eau froide courante. Recouvrir les germes de soja de 2,5 cm d'eau bouillante environ. Laisser reposer 1 minute. Pendant ce temps peler les tomates et les mettre de côté. Égoutter les germes de soja et les éponger avec du papier absorbant. Essuyer le bol et remettre les germes de soja dedans. Mettre de côté. Couper les tomates en deux, retirer les graines et le liquide. Trancher les tomates grossièrement. Ajouter les germes de soja. Éplucher le concombre et le couper en deux dans le sens de la longueur. Utiliser une cuillère pour gratter les graines. Couper le concombre en cubes de 1,5 cm. Ajouter aux germes de soja et aux tomates tranchées. Ajouter la laitue. Retourner pour répartir uniformément. Réfrigérer. Préparer la vinaigrette orientale et le riz frit. Verser la vinaigrette orientale sur les légumes mélangés. Retourner pour répartir uniformément. Déposer à la cuillère le mélange de légumes sur le riz frit. Servir immédiatement. 4 portions

Vinaigrette orientale :

Bien mélanger tous les ingrédients dans un petit plat.   Donne environ 1/3 de tasse.

Riz frit :

Chauffer l'huile dans un wok sur feu modéré. Ajouter l'oignon. Sauter 1 minute. Ajouter les lamelles de viande et le riz, mélanger et retourner, jusqu'à ce que le riz soit enrobé d'huile. Ajouter la sauce hoisin, la sauce au soja et le sherry. Sauter jusqu'à ce que le tout soit chaud, environ 30 secondes. Déposer à la cuillère sur un plateau.
Donne environ 4 portions.

Salade de Tomates et Bifteck

Une autre magnifique salade à ajouter à votre collection.

¼ tasse de mayonnaise
1 cuil. à café de sauce Worcestershire
2 à 3 gouttes de sauce piquante
1 cuil. à soupe de jus de citron
½ cuil. à café de sel
¼ cuil. à café de poivre
500 g de flanc de bœuf 1 cm d'épaisseur

2 oignons verts
2 grosses tomates fermes et mûres
2 cuil. à soupe d'huile
1 gousse d'ail broyée
Sel au goût
Poivre noir, grossièrement moulu
Feuilles de laitue croustillantes

Dans un petit bol, mélanger la mayonnaise, la sauce Worcestershire, la sauce piquante, le jus de citron, ½ cuillerée à café de sel et ¼ cuillerée à café de poivre. Mettre de côté. Couper le bœuf en petites lamelles de moins de 1/3 de cm d'épaisseur ; mettre de côté. Couper les oignons verts en longueurs de 5 cm puis en bandes étroites. Mettre de côté dans de l'eau froide pour qu'il soit croustillant et frisé. Couper les tomates en deux ou en quartiers. En retirer les graines et le jus, puis les couper en bandes étroites. Essorer avec du papier absorbant. Mettre de côté. Placer le wok à feu doux. Ajouter l'huile et l'ail dans le wok. Sauter jusqu'à ce que l'ail ait pris une couleur brune. Mettre l'ail de côté. Augmenter à feu vif et lorsque l'huile est chaude, ajouter les lamelles de bœuf. Sauter en remuant jusqu'à ce que la viande perde sa couleur rose, de 3 à 4 minutes. Y incorporer les lamelles de tomates, le mélange de mayonnaise, la moitié de la quantité d'oignons. Brasser doucement jusqu'à ce que le tout soit chaud. Saler et poivrer au goût. Placer sur les feuilles de laitue croustillante. Garnir de lamelles d'oignons qui restent.

4 portions

1. Couper le bœuf en petites lamelles de ¹/₃ de cm d'épaisseur. Les aplatir au rouleau, si nécessaire.

2. Couper les tomates en 2 ou en 4. Enlever doucement les graines et le jus. Recouper les tomates en bandes étroites.

Œufs et Tofu

Comment aimez-vous vos œufs ? Brouillés, frits, retournés ? Hum hum ! Ce qu'il vous faut, ce sont quelques recettes, à la fois abordables et bonnes pour la santé. Les recettes que vous trouverez dans ce chapitre ne sont pas nécessairement nouvelles, mais elles pourraient bien l'être pour vous. Elles constituent des classiques de la cuisine au wok. Si vous avez apprécié les Œufs Fu Yung la dernière fois que vous en avez commandé dans un restaurant chinois, vous aimerez indubitablement mes petites omelettes style Monterey, servies avec de la sauce chili. Peut-être préférerez-vous les Œufs Fu Yung avec du Jambon et des Pois dans une sauce délicieuse ?

Un autre plat succulent qui plaira certainement est une omellete japonaise légère et aérienne comme une crêpe, l'Omelette Orientale Roulée. Remplir les omelettes avec de la farce de votre choix, que ce soit la farce Crevettes et Jambon, Pommes et Roquefort, Avocat et Foie de Poulets. Deux des farces sont servies avec une sauce délicieuse et les autres sont couronnées de crème sure savoureuse. Si c'est bon ? Non, je dirais plutôt extraordinaire !

Deux autres recettes susceptibles de relever un déjeuner ou un Brunch, sont les suivantes : des Œufs Brouillés au Tofu et des Œufs Nuage Blanc. Le tofu se gonfle lorsqu'on le brouille et il absorbe la saveur du jus de cuisson du bacon. Voilà un œuf brouillé totalement différent. Les œufs Nuage blanc font rêver tous ceux qui sont au régime. Fantastiques au goût et raisonnables en calories. Un autre plat parfait pour agrémenter un brunch : Tomates Farcies aux Œufs et Jambon . Les œufs servis ainsi font découvrir un monde nouveau. Le jambon est enroulé autour d'un mélange de farce et couronnée par une sauce.

Presque tout le monde adore le Tempura. Tofu, Crevettes et Légumes Tempura, une recette classique de la cuisine japonaise et une surprise agréable pour quiconque n'a jamais goûté le tofu. Il est ici mariné dans une sauce piquante, avant d'être frit. La saveur en résultant est délicate et alléchante.

Œufs Brouillés, Crevettes & Jambon

Léger et délicieux, avec juste ce qu'il faut d'assaisonnement.

**1 paquet de 175 ou 225 g de crevettes
  cocktail congelées**
6 œufs
½ cuil. à café d'huile de sésame
½ cuil. à café de sauce au soja
**2 cuil. à soupe d'huile d'arachide ou
  d'huile végétale**

1 tasse de germes de soja
1 oignon vert en tranches fines
½ tasse de châtaignes d'eau
**½ tasse de jambon fumé ou de jambon
  séché**

Déposer le paquet de crevettes non ouvert dans une passoire sous l'eau courante 1 minute. Verser les crevettes dans la passoire. Mettre de côté pour finir de dégeler et égoutter, environ 5 minutes. Essorer avec du papier absorbant. Mettre de côté. Dans un bol de grandeur moyenne, battre les œufs avec l'huile de sésame et la sauce au soja ; mettre de côté. Chauffer 1 cuillerée d'huile d'arachide ou d'huile végétale dans le wok à feu modéré. Ajouter les germes de soja, l'oignon vert, les châtaignes d'eau et le jambon. Sauter 1 minute. Ajouter les crevettes dégelées et les sauter 30 secondes. Refroidir légèrement. Y verser le mélange d'œufs. Essuyer le wok avec du papier absorbant. Chauffer la cuillerée d'huile qui reste dans le wok à feu modéré. Verser les œufs dans le wok. Sauter et remuer les œufs jusqu'à ce qu'ils soient légèrement coagulés. Servir chaud.   4 portions

Œufs à la Florentine

Essayer ces œufs comme brunch d'un dimanche oisif.

300 g de soufflé aux épinards congelés
4 œufs
Sel et poivre
¼ tasse de crème sure

**¼ tasse de fromage cheddar émietté
  (30 g)**
Paprika

Laisser le soufflé aux épinards dégeler partiellement. Le retirer du plat et le déposer dans un plat en pyrex de 20 cm de côté. Placer la grille dans le wok. Verser de l'eau dans le wok jusqu'à 2,5 cm sous la grille. Amener l'eau à ébullition légère à feu modéré. Placer l'assiette sur la grille. Couvrir le wok. Cuire à la vapeur jusqu'à ce que le soufflé soit complètement dégelé, environ 2 minutes. Retirer le plat en verre du wok. Ajouter de l'eau bouillante dans le wok, si nécessaire. Amener à nouveau à ébullition. À la cuillère déposer le soufflé aux épinards dans deux ramequins de 300 g. Répartir uniformément. Casser 2 œufs dans chaque ramequin. Saupoudrer de sel et de poivre au goût. Placer les ramequins garnis sur la grille. Couvrir le wok. Cuire les œufs à la vapeur jusqu'à ce qu'ils soient coagulés, environ 8 minutes. Dans un petit bol, mélanger la crème sure et le fromage. À la cuillère, étendre le mélange sur les œufs cuits. Saupoudrer de paprika. Servir immédiatement.   2 portions

 **Conseil**

Conserver les germes de soja dans un bol d'eau dans le réfrigérateur.

Farce à l'Avocat pour Omelettes

La crème sure rehausse la saveur de l'avocat.

1 gros avocat coupé en dés
2 oignons verts avec les têtes, en tranches minces
1 cuil. à soupe de jus de citron
¼ tasse de crème sure
120 g de chili vert, haché et égoutté

½ cuil. à café de feuilles de basilic, en poudre
¼ cuil. à café d'origan moulu
¹/₃ cuil. à café de cumin moulu
¼ cuil. à café de sel d'ail
Crème sure

Dans un bol mélanger tous les ingrédients à l'exception de la crème sure. Bien mélanger. Remplir les omelettes en suivant les directives de l'Omelette Orientale Roulée, page 52. À la cuillère, surmonter chaque portion d'un petit dôme de crème sure. Donne assez de farce pour 8 omelettes orientales roulées.   8 omelettes

Œufs Barbecue & Crêpes Mexicaines

Parfait pour une réception à la mode du Sud.
Préparer la pâte à crêpes une journée à l'avance.
Crêpes Mexicaines (voir ci-dessous)

1 tasse de sauce chili
1 cuil. à café de sauce Worcestershire
2 gouttes de sauce piquante
2 cuil. à soupe de jus de citron
2 cuil. à soupe de beurre ramolli

1 cuil. à soupe de sauce au raifort, si désiré
4 œufs
Sel et poivre
½ tasse de fromage émietté (fromage Monterey Jack ou fromage Americain)

CRÊPES MEXICAINES

2 œufs
½ tasse de farine tout usage
¼ tasse de maïzena
¼ cuil. à café de sel

1 tasse de lait
¼ tasse de beurre fondu
Environ ½ tasse d'eau gazeuse
Environ 2 cuil. à café d'huile

Préparer les crêpes mexicaines. Mettre de côté et garder au chaud. Mélanger la sauce chili, la sauce Worcestershire, la sauce piquante, le jus de citron, le beurre et le raifort, si désiré. Étendre uniformément dans un plat carré de 20 cm allant au four. Casser les œufs sur la sauce en faisant bien attention de ne pas en briser les jaunes. Saupoudrer les œufs de sel et de poivre. Saupoudrer également le fromage sur la sauce autour des œufs. Placer la grille dans le wok. Verser de l'eau jusqu'à 2,5 cm sous la grille. Amener l'eau à légère ébullition à feu modéré. Placer l'assiette sur la grille. Couvrir le wok. Cuire les œufs à la vapeur jusqu'à ce qu'ils soient coagulés. (Environ 8 minutes). Dérouler les crêpes, chacune sur une assiette. Garnir chacune des crêpes d'un œuf cuit et d'un peu de sauce. Servir avec les autres crêpes roulées.   2 à 4 portions

Crêpes Mexicaines

Dans un bol de grosseur moyenne, battre les œufs jusqu'à obtenir un mélange homogène. Y ajouter de la farine jusqu'à obtention d'une pâte lisse. Ajouter la maïzena et le sel. Y verser doucement le lait, puis le beurre fondu. Laisser reposer 30 minutes. La pâte peut être réfrigérée durant toute la nuit. Retirer du réfrigérateur environ 30 minutes avant de faire les crêpes. Y verser assez d'eau gazeuse pour obtenir une pâte claire. Préchauffer le four à 150°F (65°C). Faire chauffer ½ cuil. à café d'huile dans le wok à feu modéré. Incliner le wok pour répartir l'huile uniformément. Y verser environ ¼ de tasse de pâte. Pencher à nouveau le wok afin d'étendre la pâte uniformément. Cuire jusqu'à obtention d'un brun léger. Tourner avec une spatule. Cuire de l'autre côté jusqu'à ce que la crêpe soit tachetée de brun. Saupoudrer chaque crêpe de beurre ramolli. Rouler comme un gâteau roulé et déposer dans un plat carré. Garder au chaud dans le four préchauffé, pendant la préparation des œufs. Donne 8 crêpes.

Tomates Farcies aux Œufs et Jambon

Accompagnées de petits pains chauds et de café fumant, voilà un déjeuner complet.

2 grosses tomates
Sel
2 cuil. à soupe de beurre
1 petit oignon blanc, finement haché
4 gros champignons, finement hachés
½ cuil. à café de moutarde sèche ou 1 cuil. à soupe de moutarde de Dijon
¼ cuil. à café de sel
¾ tasse de mélange à farce assaisonné aux herbes
Environ ½ tasse de bouillon de poulet ou de bouillon de légumes

4 tranches minces de jambon cuit
2 œufs
Sel et poivre
2 cuil. à soupe de fromage cheddar, émietté
½ tasse de crème sure à la température de la pièce
½ cuil. à café de concentré de tomate ou de ketchup
Sel au goût
Branches de persil pour garnir.

Couper une tranche mince sur le haut de chacune des tomates. Vider et jeter les graines et la pulpe. Saupoudrer légèrement l'intérieur des tomates de sel, puis les retourner sur du papier absorbant pour égoutter parfaitement. Faire fondre le beurre dans une petite casserole. Ajouter l'oignon et les champignons. Cuire jusqu'à ce qu'ils soient tendres, de 2 à 3 minutes. Déposer les oignons, les champignons et le beurre dans un bol de grosseur moyenne. Ajouter la moutarde, ¼ cuil. à café de sel et le mélange à farce. Ajouter suffisamment de bouillon de poulet ou de légumes pour que le mélange soit bien homogène. Placer ¼ de la farce sur chacune des tranches de jambon. Rouler comme un gâteau roulé et maintenir avec des bâtonnets de bois. Disposer au centre d'un plat à cuisson de 25 × 15 cm en verre et pouvant aller au four. Placer une tomate à chaque extrémité du plat. Casser un œuf sur chaque tomate. Saupoudrer de sel et de poivre au goût et de fromage. Placer la grille dans le wok. Verser de l'eau dans le wok jusqu'à 2,5 cm sous la grille. Amener l'eau à ébullition légère à feu modéré. Placer le plat sur la grille. Couvrir le wok. Cuire à la vapeur jusqu'à ce que les œufs soient pris, environ 8 minutes. Les blancs devraient être fermes et les jaunes coagulés mais légèrement mous. Dans une petite casserole, mélanger la crème sure et le concentré de tomate ainsi que le ketchup. Saler. Sur un feu doux, mélanger jusqu'à ce que le tout soit chaud, de 2 à 3 minutes. Déposer les rouleaux de jambon et les tomates sur un plateau. À la cuillère, déposer un peu de crème sur les rouleaux de jambon. Garnir de branches de persil. Servir avec le reste de la sauce.

Pour 2 personnes

Omelettes Roulées Orientales

*Ces savoureuses omelettes roulées sont plus légères
et très différentes des omelettes occidentales.*

4 portions

3 cuil. à soupe d'eau
1 cuil. à soupe de fécule de maïs
4 gros œufs
¼ cuil. à café de sel
Environ 2 cuil. à soupe d'huile

Farce de Jambon et de Crevettes
 (page 53)
Farce d'Avocat page 49
Farce Pommes et Roquefort page 52
ou Farce de Foies de Poulet page 57

Préchauffer le four à 150°F (65°C). Dans un petit bol, mélanger l'eau et la fécule de maïs jusqu'à consistance lisse. Battre les œufs et le sel jusqu'à obtenir un parfait mélange. Chauffer le wok à feu modéré. Ajouter 1 cuil. à café d'huile. Pencher le wok pour étendre l'huile uniformément dans le fond et sur les parois. Verser dans le wok environ ¼ de tasse de mélange aux œufs. Rapidement pencher à nouveau le wok pour répartir le mélange uniformément. Aussitôt que les œufs ont coagulés sur le fond, étendre sur le dessus une mince couche de farce. Avec la spatule, rouler l'omelette remplie comme un gâteau roulé. Tourner dans un bol profond de 30 × 20 cm ou dans une assiette ou un plateau allant au four. Placer dans le four pour garder au chaud. Répéter l'opération jusqu'à épuisement de la pâte et de la farce, ajouter de l'huile dans le wok lorsque nécessaire. Servir avec la sauce indiquée dans la recette de farce.

Farce pour Omelettes aux Pommes et au Roquefort

On peut également utiliser cette farce pour les omelettes roulées orientales.

8 omelettes

1 cuil. à soupe de beurre
3 pommes à tarte fermes, pelées et
 finement coupées
1 cuil. à soupe de jus de citron

1 cuil. à soupe de brandy
 ou de cidre
½ tasse de Roquefort
Crème sure

Faire fondre le beurre dans le wok à feu modéré. Ajouter les morceaux de pomme. Sauter 2 minutes. Ajouter le jus de citron, le brandy ou le cidre. Sauter en remuant jusqu'à ce que le liquide s'évapore. Laisser refroidir. Incorporer le fromage. Remplir les omelettes en suivant les directives des Omelettes Roulées Orientales. Avec une cuillère, déposer un dôme de crème sur chaque portion.

Tofu Brouillé

Semblable aux œufs brouillés, mais avec un taux de cholestérol moins élevé.

2 portions

2 à 4 feuilles de laitue croustillante	¼ tasse de ciboulette émincée ou
2 tranches de bacon maigre	d'oignons verts avec les têtes
225 g de tofu en miettes	2 cuil. à café de sauce au soja
	Poivre

Disposer les feuilles de laitue sur deux assiettes. Mettre de côté. Placer le bacon dans le wok froid à feu doux. Tourner de temps en temps, cuire jusqu'à ce qu'il soit croustillant. Égoutter sur du papier absorbant. Émietter et mettre de côté. Retirer le jus de cuisson à l'exception d'une cuil. à soupe qui doit demeurer dans le wok. Augmenter la chaleur à feu vif; lorsque le jus de cuisson est chaud, ajouter le tofu. Sauter et remuer jusqu'à ce qu'il soit gonflé, presque sec et qu'il ait la consistance des œufs légèrement brouillés. Ajouter le bacon émietté, la ciboulette ou les têtes d'oignons, la sauce au soja et le piment. À la cuillère, déposer le mélange de tofu sur les feuilles de laitue. Servir immédiatement.

Farce au Jambon et Crevettes pour Omelettes

Garnies de cette façon, les omelettes deviennent un élégant déjeuner.

Sauce à Omelette (voir ci-dessous)	2 tasses de laitue romaine ou bok choy
1 cuil. à soupe d'huile	déchiquetée
1 gousse d'ail émincée	1 cuil. à soupe de sauce au soja.
1 petit oignon, finement haché	**Sauce à Omelette**
120 g de crevettes fraîches ou	1 cuil. à soupe de fécule de maïs
crevettes congelées et dégelées,	2 cuil. à soupe de sauce au soja
décortiquées et débarrassées de leurs	1 cuil. à soupe de sucre
veines dorsales	1 tasse de bouillon de poulet
¼ tasse de châtaignes finement	ou de bouillon de bœuf
hachées	ou de bouillon de légumes

Préparer la sauce à omelette. Mettre de côté et garder au chaud. Chauffer l'huile dans le wok à feu modéré. Ajouter l'ail et l'oignon. Faire fondre l'oignon pendant une minute. Ajouter les crevettes. Sauter 30 secondes. Ajouter les châtaignes d'eau et le jambon. Sauter et remuer jusqu'à ce que les crevettes soient fermes et roses, de 1 à 2 minutes. Ajouter la laitue romaine ou bok choy. Brasser jusqu'à ce qu'elle commence à flétrir. Ajouter la sauce au soja. Laisser reposer à la température de la pièce jusqu'au moment de la préparation. Remplir les omelettes selon les directives données dans Omelettes Roulées Orientales, (ci-dessus). Déposer 1 cuil. à soupe de sauce à omelette sur chaque portion. Verser la sauce qui reste dans un petit bol de service. Servir les omelettes avec le reste de sauce. Donne assez de farce et de sauce pour 8 omelettes roulées.

8 omelettes roulées

Sauce à Omelette :

Dans une petite casserole, mélanger la fécule de maïs et la sauce de soja. Ajouter le sucre et le bouillon. Cuire et brasser à feu modéré jusqu'à ce que le mélange soit légèrement épais. Donne 1 tasse.

Crevettes, Tofu et Légumes Tempura

Le Daikon est une sorte de gros radis japonais blanc. Il peut être mangé cru ou cuit.

225 à 350 g de tofu, coupé en cubes
½ tasse de jus de palourdes
¼ tasse de sauce au soja
225 g de crevettes fraîches
   moyennes ou grosses
Sauce trempette, voir ci-dessous
Pâte Tempura voir ci-dessous
Huile à friture

1 pomme de terre douce coupée
   en frites de 1 cm
1 piment vert coupé en bandes
   de 2 cm de large
1 gros navet blanc,
   coupé en petits quartiers
Sauce au soja si désiré

Sauce trempette :
1 tasse de sauce au soja
2 cuil. à soupe de vin de riz
   ou du sherry sec

2 cuil. à soupe de daikon
   ou de radis blancs râpés
3 cuil. à soupe de racine
   de gingembre, râpée

Pâte Tempura :
1 tasse de farine tout usage
2 cuil. à café de fécule de maïs
½ cuil. à café de sel

2 œufs légèrement battus
1 tasse eau gazeuse

Disposer les cubes de tofu sur une seule couche dans un plat de cuisson de 20 × 20 cm et allant au four. Mélanger le jus de palourdes et ¼ de tasse de sauce au soja. Verser le liquide sur chacun des cubes de tofu. Mariner à la température de la pièce 15 minutes. Retourner doucement les cubes. Mariner 15 minutes de plus. Décortiquer les crevettes, retirer les veines dorsales. Couper le centre du dos des crevettes, mais pas jusqu'à l'extrémité. Rincer et éponger avec du papier absorbant. Mettre de côté. Préparer la sauce trempette. Mettre de côté. Préchauffer le four à 225°F (105°C). Placer une grille de métal sur une grande plaque de cuisson. Mettre au four. Préparer la pâte Tempura. Mettre de côté. Verser l'huile à friture dans le wok jusqu'à obtenir 4 cm d'huile au centre du wok. Chauffer l'huile à 375°F (190°C). Utiliser des pinces pour tremper les cubes de tofu mariné dans la pâte. Égoutter légèrement au-dessus du bol. Cuire 4 ou 5 cubes enrobés de pâte à la fois dans l'huile chaude ou jusqu'à ce qu'ils soient bruns, environ 1 minute. Égoutter les cubes cuits sur du papier absorbant. Les placer sur la grille chaude déjà dans le four afin de les conserver au chaud. Maintenir la température de l'huile aussi uniforme que possible. Répéter le trempage et la friture avec les pommes de terre, le piment vert, les navets et les crevettes jusqu'à ce que le tout soit brun doré. Égoutter sur du papier absorbant. Disposer le tofu cuit, les légumes et les crevettes sur un plateau de service. Servir avec de la sauce à trempette et de la sauce au soja si désiré.   4 à 6 portions

Sauce trempette :

Chauffer la sauce au soja et le vin de riz ou le sherry dans une petite casserole à feu modéré. Diviser le daikon ou les radis et le gingembre en 4 ou 6 petits bols. Verser une petite quantité du mélange chaud également dans chacun des bols. Donne environ 1½ tasse.

Pâte Tempura :

Ne préparer cette pâte qu'au moment de l'utilisation. Tamiser la farine, la fécule de maïs et le sel dans un bol de grosseur moyenne. Ajouter les œufs et l'eau gazeuse. Battre au fouet jusqu'à obtention d'une pâte lisse. Donne environ 2 tasses.

Comment Préparer les Crevettes, Tofu et Légumes Tempura

1. Couper le Tofu en Cubes de 2,5 cm et les disposer dans un récipient en verre allant au four, sans les superposer. Verser de la marinade sur les cubes.

2. Décortiquer les crevettes, sauf la queue. Enlever les veines. Ouvrir les crevettes en tranchant le dos dans le sens de la longueur. Ne pas les séparer en deux.

Œufs Fu Yung au Jambon et Petits Pois

Un plat élégant et classique, servi avec une sauce rapide et facile.

225 g de petits pois congelés à la crème	4 œufs
½ tasse d'eau	1 cuil. à café de sauce au soja
1 cuil à soupe de sauce au soja	½ tasse de jambon cuit émincé
3 cuil. à soupe de sherry sec	2 cuil. à café de ciboulette émincée
1 cuil. à soupe de fécule de maïs	¼ tasse de germes de soja
	4 cuil. à café d'huile

Placer les petits pois congelés à la crème dans la partie supérieure d'un bain-marie au-dessus de l'eau bouillante. Ajouter ½ tasse d'eau, 1 cuil. à soupe de sauce au soja, et 1 cuil. à soupe de sherry. Lorsque les pois et la sauce sont dégelés, brasser pour mélanger. Garder au chaud. Dans un bol de grosseur moyenne, ajouter les 2 cuillerées à soupe de sherry restantes à la fécule de maïs. Ajouter les œufs. Battre jusqu'à consistance homogène. Incorporer 1 cuil. à café de sauce au soja, le jambon, la ciboulette et les germes de soja. Faire chauffer 1 cuil. à café d'huile dans le wok à feu moyen. Pencher le wok pour répartir uniformément l'huile. Verser environ ¼ du mélange d'œufs, avec ¼ du mélange de jambon, ciboulette et germes de soja. Pencher vivement le wok pour étendre uniformément. Cuire 30 secondes ou jusqu'à ce que le mélange soit presque figé. Ne pas remuer. Tourner avec une spatule. Faire cuire de l'autre côté jusqu'à l'obtention d'une couleur brun doré (environ 30 secondes). Placer sur un plat chaud et garder au chaud. Répéter l'opération avec les ingrédients qui restent. Disposer 2 œufs Fu Yung sur chacune des assiettes, l'un légèrement par-dessus l'autre. À la cuillère, déposer les pois chauds et la sauce sur chacune des portions. Servir immédiatement.

2 portions

Œufs Nuage Blanc

Nous devons cette merveilleuse recette faible en calories à la sagesse chinoise.

2 à 4 feuilles de laitue croustillante
2 cuil. à soupe de lait,
   à la température de la pièce
1 cuil. à café de fécule de maïs
½ cuil. à café de sel

4 blancs d'œufs à la température
   de la pièce
2 cuil. à soupe d'huile
¼ tasse de jambon cuit, en tranches
Ciboulette émincée pour garnir

Disposer les feuilles de laitue sur deux assiettes. Mettre de côté. Dans un petit bol, mélanger le lait, la fécule de maïs et le sel. Mettre de côté. Dans un bol de grosseur moyenne, battre les blancs d'œufs en neige. Incorporer le mélange de lait et 2 cuil. à soupe de ciboulette. Faire chauffer l'huile dans le wok à feu modéré, ajouter le jambon, sauter et remuer jusqu'à ce que le jambon commence à croustiller. Ajouter le mélange de blancs d'œufs. Cuire et brasser jusqu'à ce que le mélange ait la consistance d'œufs brouillés. À la cuillère déposer le mélange d'œufs sur les feuilles de laitue. Garnir de ciboulette émincée.   2 portions

Œufs Fu Yung à la Mode de Monterey

Si les œufs sont ici préparés à la mode chinoise, la sauce est définitivement mexicaine.

4 portions

De la sauce Monterey (voir ci-dessous)
Environ 2 cuil. à soupe d'huile
½ tasse de noix hachées
6 œufs

½ tasse d'olives farcies au piment,
   tranchées
1 cuil. à café de sel
½ cuil. à café de poivre

Sauce Monterey :
1 cuil. à soupe d'huile
1 petit oignon, finement haché
½ petit piment vert, finement haché
1 cuil. à soupe de poudre de chili

225 g de sauce tomate
1 cuil. à café de vinaigre de vin rouge
½ cuil. à café de sucre

Préparer la sauce Monterey, garder au chaud. Faire chauffer 1 cuil. à soupe d'huile dans le wok à feu moyen. Ajouter les noix. Sauter et remuer jusqu'à ce que les noix prennent une couleur foncée (de 1 à 2 minutes). Égoutter sur du papier absorbant. Mettre de côté. Dans un bol de grosseur moyenne, battre les œufs jusqu'à obtention d'un mélange parfait. Incorporer les noix rôties, les olives, le sel et le poivre. Faire chauffer environ 1 cuil. à café d'huile dans le wok à feu moyen. Pencher le wok pour répartir l'huile uniformément. Y verser ¼ du mélange aux œufs, en y incluant le quart des noix et olives. Pencher vivement le wok pour étendre uniformément. Cuire jusqu'à ce que le dessus soit presque pris. Ne pas brasser. Tourner avec une spatule. Cuire l'autre côté jusqu'à ce qu'il soit brun doré, environ 30 secondes. Placer un œuf cuit Fu Yung sur une assiette chaude, garder au chaud. Répéter avec les œufs et le mélange d'huile qui restent. Servir avec de la sauce Monterey.

Sauce Monterey :
Faire chauffer l'huile dans le wok à feu modérément vif. Ajouter l'oignon et le piment vert. Sauter 1 minute. Ajouter le reste des ingrédients, brasser jusqu'à ce que la sauce bouillonne. Donne environ 1¼ tasse.

Farce de Foies de Poulet pour Omelettes

À utiliser pour garnir les omelettes roulées, les rouleaux impériaux et les feuilletés.

8 omelettes roulées

2 cuil. à soupe d'huile
1 petit oignon blanc, finement haché
2 ou 3 champignons, finement hachés
225 g de foies de poulet
2 cuil. à soupe de vin de Madère
  ou de sherry sec
¼ cuil. à café de marjolaine moulue

½ cuil. à café de sel
¼ cuil. à café de poivre
½ tasse de crème sure,
  à la température de la pièce
1 cuil. à soupe de persil frais émincé
  (Voir sauce Madère ci-dessous)

Sauce Madère
2 cuil. à soupe de vin de Madère
1 cuil. à soupe de fécule de maïs

1 tasse de bouillon de poulet
  ou de bouillon de légumes
Sel et poivre

À feu modéré, chauffer 1 cuil. à soupe d'huile dans le wok. Ajouter l'oignon et les champignons. Brasser de temps en temps. Cuire jusqu'à consistance tendre. À la cuillère, les déposer dans un bol de grosseur moyenne. Mettre de côté. Augmenter la chaleur à feu vif. Chauffer la cuil. à soupe d'huile qui reste dans le wok. Ajouter les foies de poulet. Sauter en remuant jusqu'à ce qu'ils soient légèrement bruns, environ 2 minutes. Ajouter le vin ou le sherry. Brasser doucement jusqu'à évaporation. À la cuillère, déposer les foies cuits sur une planche à découper. Laisser refroidir, de 2 à 3 minutes. Couper en petits morceaux. Ajouter le mélange d'oignons. Ajouter la marjolaine, le sel et le poivre. Incorporer la crème sure et le persil. Refroidir à la température de la pièce. Préparer la sauce Madère. Remplir chaque omelette selon les directives données dans Omelettes Roulées Orientales. Déposer 1 cuil. à soupe de sauce madère sur chaque portion. Verser le reste de la sauce dans un petit bol. Servir les omelettes accompagnées du reste de sauce. Donne assez de farce et de sauce pour 8 omelettes roulées.

Sauce Madère :

Dans une petite casserole, mélanger le vin, la fécule de maïs et le bouillon. Cuire à feu modéré en brassant jusqu'à consistance lisse et légèrement épaisse. Ajouter le sel et le poivre. Donne environ 1 tasse.

Comment Faire Germer les Graines de Soja

Démêler et rincer à tasse de graines de soja séchées. Les couvrir d'eau dans un grand bol et les laisser tremper de 10 à 12 heures. Égoutter doucement et rincer en faisant attention à ne pas endommager les graines. À la cuillère, les déposer dans un grand pot. Fermer le pot avec une gaze. Égoutter l'eau qui pourrait être encore dans le pot en le retournant. Conserver le pot à l'obscurité, soit en le rangeant dans une armoire sombre ou en le couvrant avec une serviette de couleur foncée. Il est important de laisser circuler l'air, il ne faut donc pas couvrir l'ouverture du pot avec la serviette. Rincer les graines deux fois par jour en faisant passer l'eau à travers la gaze. Égoutter l'eau en retournant le pot l'ouverture en bas. Au bout de 5 jours environ, les graines auront de 2,5 à 5 cm de long. Le 5e jour, rincer et réfrigérer. Utiliser les germes dans les 7 jours qui suivent.

Riz, Pâtes et Bulghur

La plupart des gens n'apprécient pas pleinement les possibilités du riz, des pâtes et du bulghur. Il les servent trop souvent nature et seulement comme accompagnement pour la viande. Quel gaspillage! N'importe lequel de ces aliments peut être servi de mille et une façons, avec des sauces et des assaisonnements différents, et on peut très facilement en faire le plat principal et la vedette d'un repas.

Au début de ce chapitre, vous trouverez des recettes de base; mais je vous fournis également des recettes plus recherchées de cuisine à base de riz, de pâtes et de bulghur. À travers ce livre, vous découvrirez de nombreuses autres façons d'utiliser ces aliments.

La cuisson du riz précuit vous donne le procédé à suivre pour cuire, réfrigérer et réchauffer le riz. Vous serez ravi d'apprendre que vous pouvez réchauffer du riz cuit et le retrouver tout aussi léger, aérien et délicieux que lorsqu'il vient d'être cuit. Le secret de cette réussite est la vapeur. Le bulghur, plus populaire dans les pays d'Europe Centrale, est devenu également le mets favori de beaucoup d'autres pays. Le bulghur est obtenu en faisant cuire des grains de blé entier jusqu'à ce qu'ils deviennent tendres et commencent à éclater. On les fait alors sécher et on les concasse. Ajouter une poignée de bulghur aux ragoûts ou aux soupes pour obtenir un parfum inégalable. Le bulghur est cuit lorsqu'il a absorbé entièrement l'humidité. Le Bulghur Pilaf est un délicieux mélange de bulghur, de raisins, d'oignons, de pinions et d'épices, le tout cuit dans un bouillon. Servir comme repas principal et/ou comme un substitut pour le riz ou les pommes de terre.

Repas pour des Invités Spéciaux

Fruits de Mer au Riz, page 68
Cocktails glacés
Poulet Méditerranéen, page 125
Riz Précuit, page 61
Beaujolais ou autre vin rouge léger
Gâteau Meringué Nuage-Rose, page 142
Café avec brandy

Riz Sauté aux Légumes

Servi avec de la viande, du poulet ou du poisson, il complète parfaitement un repas.

4 à 6 portions

1 oignon moyen
Environ 225 g de brocoli
3 tasses d'eau salée
1 cuil. à soupe d'huile
3 radis tranchés minces
2 branches de céleri finement coupées
½ petit piment vert haché

1 tasse de maïs frais ou dégelé
½ cuil. à café de sel
Poivre moulu
1 cuil. à café de feuilles d'origan,
   en poudre
2 tasses de riz cuit refroidi

Couper les oignons en petites tranches verticalement. Séparer les tranches en lamelles. Mettre de côté. Séparer les têtes des tiges de brocoli et les faire tremper dans de l'eau salée. Mettre de côté. Couper les tiges de brocoli, puis les diviser en morceaux de 2,5 cm verticalement et horizontalement. Faire chauffer l'huile dans le wok à feu modéré. Ajouter l'oignon en lamelles, le brocoli enm tranches, les radis, le céleri et le piment vert. Sauter en remuant jusqu'à ce que le tout soit tendre et croquant, environ 3 minutes. Égoutter les têtes de brocoli. Ajouter au mélange d'oignon. Y verser le maïs, le sel, le poivre noir au goût et l'origan. Sauter et remuer 2 minutes ou jusqu'à ce que le maïs et les têtes de brocoli soient tendres et croquantes. Ajouter le riz. Faire sauter 1 minute environ.

Riz Doré

Encore un mets de choix pour tous les buffets.

6 portions

½ tasse de raisins secs
½ tasse d'eau chaude
1 petite carotte en lamelles
2 cuil. a soupe de beurre
1 petit oignon émincé

1 cuillerée à café de curcuma
4 tasses d'eau
1 tasse de riz à grains longs, non-cuit
1½ tasse d'amandes rôties en lamelles

Dans un petit bol, faire tremper les raisins dans ½ tasse d'eau chaude, environ 10 minutes ou jusqu'à ce qu'ils soient gonflés. Égoutter et mettre de côté. Couper les carottes en julienne de 2,5 cm. Faire fondre le beurre dans le wok à feu modéré. Ajouter les lamelles de carottes et l'oignon. Sauter 2 minutes, ou jusqu'à ce que l'oignon soit tendre. Ajouter le curcuma et l'eau. Amener le mélange à ébullition. Y ajouter lentement le riz, sans arrêter l'ébullition. Réduire à feu doux. Laisser frémir à découvert de 10 à 15 minutes ou jusqu'à ce que le riz soit tendre mais non pâteux. Égoutter dans une passoire. Dans un grand bol, mélanger le riz égoutté, les raisins gonflés et les amandes. Retourner légèrement avec 2 fourchettes. Servir immédiatement ou remettre le mélange de riz dans la passoire. Placer la passoire sur une casserole remplie d'eau bouillante. Étendre une serviette de papier humide directement sur le mélange de riz, jusqu'au moment de servir.

Nouilles Fines et autres Pâtes Minces

Utiliser cette méthode pour cuire les pâtes fines ou les spaghetti minces.

6 à 8 portions

5 litres d'eau
1 cuil. à soupe d'huile
1 cuil. à soupe de sel

500 g de pâtes
2 cuil. à soupe de beurre
ou 1 cuil. à soupe d'huile

Dans une casserole de 7 litres, amener l'eau à ébullition. Ajouter 1 cuil. à soupe d'huile et le sel. Ajouter les pâtes, par petites quantités, afin que l'eau ne cesse pas de bouillir. Brasser une fois. Laisser bouillir à découvert 2 minutes. Retirer la casserole de la source de chaleur. Couvrir avec un linge propre puis avec le couvercle. Laisser reposer de 8 à 9 minutes. Ne pas dépasser cette durée. Verser dans une passoire pour égoutter. Mettre les pâtes égouttées dans un plat de service de taille moyenne. Remuer en ajoutant le beurre ou la cuillerée à soupe d'huile.

Nouilles Chinoises Fraîches

Ces nouilles remplacent parfaitement toutes les autres nouilles.

4 portions

4 tasses d'eau
225 g de nouilles chinoises fraîches

1½ tasse d'eau froide

Dans une grande casserole, amener 4 tasses d'eau à ébullition. Ajouter lentement les nouilles, en remuant doucement avec une fourchette pour les séparer. Amener l'eau à grande ébullition. Ajouter ½ à 1 tasse d'eau froide. De nouveau, amener l'eau à grande ébullition. Verser immédiatement le mélange de nouilles dans une passoire et égoutter. Mettre les nouilles égouttées dans un bol de service de grosseur moyenne.

Riz Sauté au Porc

Avec un reste de porc, composez un repas copieux.

4 portions

1 cuil. à soupe d'huile
1 petit piment vert, finement haché
1 petit oignon blanc, finement haché
225 g de porc cuit maigre,
  grossièrement haché

3 tasses de riz cuit, refroidi
2 cuil. à soupe de sauce au soja
2 œufs, légèrement battus
1 oignon vert, émincé

Faire chauffer l'huile dans le wok. Ajouter le piment vert et l'oignon blanc. Faire sauter 1 minute. Ajouter le porc, le riz et la sauce au soja. Sauter 3 minutes ou jusqu'à ce que le mélange soit chaud. Verser les œufs sur le mélange de porc. Sauter de 1 à 2 minutes ou jusqu'à ce que les œufs soient figés. Saupoudrer chaque portion avec l'oignon vert émincé.

Variante:
Substituer de l'agneau ou du bœuf cuit au porc.

Riz Précuit

Utiliser cette méthode quand on reçoit plusieurs personnes ou quand on veut avoir du riz prêt pour une autre recette.

6 tasses

5 litres d'eau
2 cuil. à soupe de sel
1 cuil. à soupe d'huile

2 tasses de riz naturel
Environ 1 cuil. à soupe d'huile ou de beurre.

Dans une casserole de 6 à 7 litres amener l'eau à ébullition. Ajouter le sel et 1 cuil. à café d'huile. Ajouter lentement le riz sans arrêter l'ébullition. Remuer une fois. Réduire à feu doux ou moyen, pour que l'eau continue à bouillir doucement. Cuire le riz jusqu'à ce qu'il soit tendre mais encore légèrement ferme, environ 15 minutes. Verser dans un tamis pour égoutter. Aérer avec une fourchette. Pour conserver le riz, le mettre dans un bol de grosseur moyenne, pendant qu'il est encore chaud. Ajouter environ 1 cuil. à soupe d'huile ou de beurre. Retourner doucement. Couvrir et régrigérer. Pour réchauffer, verser le riz dans une passoire et placer la passoire au-dessus d'une grande casserole d'eau frémissante. Placer une serviette de papier humide directement sur la surface du riz. Ne pas couvrir la casserole. Cuire à la vapeur environ 4 minutes. Si la serviette de papier sèche, asperger d'eau chaude.

Riz, Lentilles et Jambon Sautés

Si vos lentilles et votre riz sont prêts, vous pouvez servir ce plat en 10 minutes.

6 portions

120 g de prosciuto
  ou de jambon de Westphalie séché
1 cuil. à soupe d'huile
1 petit piment vert haché
1 petit oignon blanc haché
1 gousse d'ail émincée

1½ tasse de lentilles cuites
  avec leur jus de cuisson
3 tasses de riz cuit refroidi
1 tasse de laitue romaine finement coupée

Émincer le jambon. Mettre de côté. Faire chauffer l'huile dans le wok à feu modéré. Ajouter le piment vert, l'oignon et l'ail. Sauter 1 minute. Égoutter les lentilles, en conservant 2 cuil. à soupe de liquide et les ajouter au mélange, avec le jambon et le riz. Sauter 3 minutes ou jusqu'à ce que le tout soit chaud . Ajouter la laitue en remuant. Servir immédiatement.

Conseil

Les légumes tranchés en diagonale ont une surface plus largement exposée à la chaleur ; cela leur permet donc de cuire plus rapidement.

Riz au Jambon des Tropiques

15 minutes suffisent à préparer ce plat de fête à la saveur de coco.

6 portions

1 tasse de coco non-sucré râpé
2 cuil. à soupe d'huile
1 gousse d'ail émincée
1 cube de 2,5 cm de gingembre émincé
1 cuil. à café de poudre de curry
½ cuil. à café de sel
2 cuil. à soupe de jus de citron
½ à 1 tasse de jambon cuit émincé
3 tasses de riz cuit refroidi
¼ tasse de gingembre confit tranché, si
désiré

Préchauffer le four à 350° F (175° C). Étendre le coco sur une grande plaque à cuisson. Placer dans le four. Remuer fréquemment. Colorer légèrement, environ 2 minutes. Ne pas brûler. Mettre de côté pour refroidir. Faire chauffer l'huile dans le wok à feu doux. Ajouter l'ail et le gingembre; sauter 1 minute. Ajouter la poudre de curry, le sel et le jus de citron, en remuant. Augmenter à feu vif. Ajouter le jambon, le riz, le coco rôti et le gingembre confit. Sauter 1 minute ou jusqu'à ce que le tout soit chaud.

Riz Hawaïen

Riz pour une réception de bienvenue à la hawaïenne.

4 portions

3 tranches de bacon maigre, coupées en
morceaux d'un centimètre
2 ou 3 petits oignons verts, en lamelles
½ tasse de châtaignes d'eau hachées
½ tasse d'ananas confit émincé
2 tasses de riz cuit refroidi
1 cuil. à soupe de sherry sec
1 cuil. à soupe de sauce au soja

Placer le bacon dans le wok froid à feu modéré. Retourner fréquemment; cuire jusqu'à ce que le bacon soit croustillant. Égoutter sur un papier absorbant. Retirer du wok tout le jus de cuisson du bacon, sauf 1 cuillerée à soupe. Augmenter à feu moyen. Ajouter l'oignon vert, les châtaignes d'eau et l'ananas. Sauter 30 secondes. Ajouter le riz, le sherry et la sauce au soja. Chauffer environ 1 minute.

De droite à gauche : Riz Doré, page 59, Riz Sauté aux Légumes, page 59 et Riz Bulghur Pilaf, page 64.

Anneau de Riz à l'Orange

Idéal pour accompagner du poulet frit.

6 portions

2 grosses oranges
½ tasse de liqueur d'orange
Beurre pour le moule
4 tasses de riz cuit refroidi

Râper 2 cuillerées à soupe de zeste d'orange. Retirer le reste de l'écorce et la partie blanche. Au-dessus d'un bol de grosseur moyenne, couper les oranges en quartiers, sans les membranes. Placer les quartiers dans un petit bol. Presser les membranes dans le bol, pour en extraire le jus. Verser ¼ de tasse de jus dans une tasse à mesurer. Mettre de côté. Garder le reste du jus pour un autre usage. Égoutter les sections d'orange et verser la liqueur d'orange dessus. Laisser reposer à la température de la pièce pendant 1 heure. Beurrer généreusement un moule en anneau de 5-6 tasses. Dans un grand bol, mélanger le riz, ¼ de tasse de jus d'orange et le zeste. Étendre à la cuillère dans le moule beurré. Presser avec le dos de la cuillère. Placer la grille dans le wok. Verser de l'eau dans le wok jusqu'à 2,5 cm sous la grille. Amener l'eau à ébullition légère. Placer le moule sur la grille. Couvrir le wok. Cuire à la vapeur jusqu'à ce que le riz soit chaud, soit environ 10 minutes. Renverser sur un plat de service et retirer le moule. Remplir le centre de l'anneau avec des quartiers d'oranges.

Bulghur Pilaf

Pour remplacer le riz ou les pommes de terre.

6 portions

2½ tasses de bouillon de poulet ou de
   légumes
2 ou 3 oignons verts, finement hachés
1 cuil. à soupe d'huile
⅔ tasse de bulghur
1 cuil. à soupe de beurre
½ tasse de raisins secs
½ tasse de pinions rôtis
½ cuil. à café de sel
¼ cuil. à café de poivre blanc

Dans une petite casserole, amener le bouillon à ébullition à feu modéré. Garder au chaud. Chauffer l'huile dans le wok à feu moyen. Ajouter les oignons verts et sauter 1 minute. Ajouter le bulghur ; sauter 30 secondes. Ajouter le bouillon chaud, le beurre, les raisins secs, les pinions, le sel et le poivre. Amener à ébullition. Réduire immédiatement à feu modéré. Couvrir le wok et laisser cuire doucement pendant 20 minutes ou jusqu'à ce que le liquide ait été absorbé.

Nouilles et Riz à l'Arménienne

Une autre façon de faire du riz un plat spécial.

4 portions

¼ **tasse de beurre**
120 g de petites nouilles aux œufs
1 tasse de riz à grains longs, non-cuit
1 cuil. à café de curcuma
1 cuil. à café de sel
3 tasses d'eau chaude

Faire fondre le beurre dans le wok à feu modéré. Casser les nouilles en morceaux de 2,5 cm. Les cuire en remuant dans le beurre fondu, 5 minutes. Ajouter le riz, le curcuma et le sel. Ajouter l'eau chaude. Remuer en amenant à ébullition. Réduire le feu à modéré. Couvrir le wok. Cuire doucement 15 minutes ou jusqu'à ce que le riz soit tendre mais non pâteux. Égoutter et verser dans un bol moyen. Laisser reposer 1 minute; aérer avec 2 fourchettes. Servir immédiatement ou verser le mélange de riz dans une passoire. Placer la passoire au-dessus d'une casserole d'eau frémissante. Étendre un papier absorbant humide directement sur le mélange de riz jusqu'au moment de servir.

Riz au Safran

La façon la plus luxueuse de préparer du riz.

4 portions

½ **tasse de groseilles**
½ **tasse d'eau**
½ **cuil. à café de filaments de safran**
2 cuil. à soupe de jus de citron
4 tasses d'eau
½ **cuil. à café de sel**
3 à 4 gouttes d'huile
1 cuil. à soupe de beurre
1 tasse de riz à grains longs non-cuit

Dans une petite casserole, mélanger les groseilles, ½ tasse d'eau, le safran et le jus de citron. Remuer sur feu doux de 3 à 5 minutes, ou jusqu'à ce que l'eau soit réduite à 2 cuillerées à soupe et que le safran se soit dissout. Mettre de côté. Verser 4 tasses d'eau dans le wok. Amener à grande ébullition. Ajouter le sel, l'huile et le beurre. Verser lentement le riz en remuant, sans arrêter l'ébullition. Laisser bouillir de 15 à 17 minutes ou jusqu'à ce que le riz soit tendre et non pâteux. Verser dans une passoire pour égoutter. Verser le mélange de riz dans un bol de service. Ajouter le mélange de groseilles gonflé. Retourner doucement avec 2 fourchettes. Servir immédiatement ou verser le riz dans la passoire. Placer la passoire sur une casserole d'eau frémissante. Étendre un papier absorbant humide directement sur le riz jusqu'au moment de servir.

Poissons - Fruits de Mer

Tous les aliments cuisent plus vite dans un wok et surtout le poisson. Mais si vous cuisez le poisson trop longtemps dans les recettes suivantes, vous le priverez de son jus délicieux et le rendez sec. Ne faites jamais cuire du poisson jusqu'à ce qu'il se défasse.

Dans ce chapitre, il y a des recettes superbes conçues pour la cuisson à la vapeur. C'est le mode de cuisson idéal pour presque tous les poissons et fruits de mer. Une fois que vous aurez goûté du poisson cuit à la vapeur, vous risquez de n'avoir plus jamais envie de le pocher ou de le cuire au four. Consulter la page 7 pour des directives supplémentaires relatives à la cuisson à la vapeur.

Vous découvrirez également que ces recettes utilisent indifféremment des ingrédients frais ou congelés. La raison en est bien simple. Rien n'est plus délicieux, qu'un poisson ou un fruit de mer provenant directement du lac ou de l'océan et cuit à la vapeur. Pourtant, il n'est pas toujours possible de jouir d'un pareil luxe. Ce qui est possible, c'est de cuire le poisson congelé dès qu'il est dégelé. Selon moi, le poisson fraîchement dégelé a un goût tout aussi frais que le poisson qu'on vous assure frais et que vous achetez au magasin, plusieurs jours après qu'il ait été pêché. La majorité des poissons congelés le sont sur le bateau de pêche, le jour même de leur capture.

Si vous recherchez un plat pour recevoir, les Tranches de Poisson et Zucchini Tempura sont un plat très adéquat. Non seulement il est savoureux mais on n'est pas obligé de le servir à mesure que les portions sont cuites. Les aliments peuvent attendre que toutes les portions soient cuites avant d'être servis.

Crevettes à la Sauce Chutney

Incroyablement faciles. Exceptionnellement délicieuses.

225 g de petites crevettes congelées
2 cuil. à soupe de fécule de maïs
½ tasse de sherry sec
¼ tasse de beurre
2½ cuil. à café de poudre de curry ou
  au goût

¾ tasse de chutney haché
3 tasses de riz cuit chaud
½ tasse d'arachides, grossièrement
  hachées
2 cuil. à soupe de ciboulette hachée
¼ tasse de persil, fraîchement haché

Laisser couler de l'eau pendant 1 minute sur les paquets de crevettes fermés. Déposer les crevettes dans une passoire. Mettre de côté pour finir de dégeler et pour égoutter, environ 5 minutes. Mélanger la fécule de maïs et le sherry ; mettre de côté. Faire fondre le beurre dans le wok à feu modéré. Lorsqu'il bouillonne, incorporer la poudre de curry, le mélange de sherry, le chutney et les crevettes décortiquées. Brasser doucement 1 minute. Ne pas laisser bouillir. Verser le riz dans un bol moyen. Verser le mélange de chutney sur le riz. Servir immédiatement. Saupoudrer chaque portion de 2 cuillerées à soupe d'arachides, 1½ cuillerée à café de ciboulette et 1 cuillerée à soupe de persil. 4 portions

Crevettes en Arbre de Jade

Le nom lui-même révèle que le plat est tout aussi beau à regarder que délicieux à savourer.

4 à 6 tasses d'eau
¼ tasse de sel
Environ 450 g de brocoli
1 cuil. à soupe d'huile
1 gousse d'ail écrasée
1 cube de 2,5 cm de gingembre râpé
¼ tasse de Dashi

1 cuil. à café de sucre
1 cuil. à soupe de saké ou de brandy
450 g de crevettes décortiquées et
  débarrassées de leurs veines dorsales
1 cuil. à soupe de sauce au soja
3 tasses de riz cuit chaud

Verser de l'eau dans une grande casserole. Y ajouter le sel. Mettre de côté. Séparer les têtes des tiges de brocoli. Placer les têtes dans de l'eau salée. Laisser reposer 15 minutes. Égoutter. Couper les tiges de brocoli en long. Couper ensuite en morceaux de 3 cm de longueur, puis en julienne. Mettre de côté. Faire chauffer l'huile dans le wok à feu doux. Ajouter l'ail et le gingembre ; brasser de temps en temps, jusqu'à ce qu'ils prennent une couleur légèrement brune. Retirer l'ail et le gingembre. Augmenter à feu vif. Lorsque l'huile commence à grésiller, ajouter les tiges de brocoli. Sauter 1 minute. Ajouter le Dashi, le sucre et le saké ou le brandy. Couvrir le wok ; cuire doucement 1 minute. Ajouter les têtes de brocoli. Cuire doucement une minute de plus. Ajouter les crevettes. Sauter jusqu'à ce qu'elles soient fermes et roses, environ 1 minute. Ajouter la sauce au soja. Servir sur le riz. 4 portions

Conseil

Ne jamais utiliser d'huile de maïs pour cuisiner au wok, car elle s'enflamme plus facilement et plus rapidement que toutes les autres huiles.

Crevettes Papillon Frites

Si faciles à préparer au wok.

6 portions

700 g de crevettes fraîches
1 œuf, séparé
Huile à friture
¾ de tasse de farine tout usage
¼ de tasse de fécule de maïs

½ cuil. à café de sel
1 tasse d'eau gazeuse froide
2 cuil. à soupe d'huile
Sauce Remoulade page 134

Décortiquer les crevettes, en conservant la queue. Retirer la veine dorsale. Avec un couteau tranchant, inciser le dos des crevettes. Rincer les crevettes à l'eau courante. Éponger avec du papier absorbant. Mettre de côté. Dans un petit bol, battre le blanc d'œuf jusqu'à formation de pics mous. Dans un autre petit bol, battre légèrement le jaune d'œuf. Verser 3 cm d'huile à friture dans le wok. Chauffer l'huile à 375° F (190° C). Pendant que l'huile chauffe, mélanger la farine, la fécule de maïs et le sel dans un bol moyen. Y ajouter l'eau gazeuse, 2 cuillerées à soupe d'huile et le jaune d'œuf battu. Battre jusqu'à consistance lisse. Incorporer le blanc d'œuf battu. Tremper les crevettes dans cette pâte. Frire 2 ou 3 crevettes à la fois dans l'huile chaude jusqu'à obtention d'un brun doré, de 30 à 60 secondes, en les retournant une fois. Éponger sur du papier absorbant. Servir chaud avec de la Sauce Rémoulade.

Fruits de Mer au Riz

Ces fruits de mer à la vapeur servis sur du riz au safran page...
tout un plat élégant, coloré et vraiment superbe.

2 à 3 portions

4 à 6 palourdes dans leurs coquilles
Eau froide
2 cuil. à soupe de farine de maïs
4 à 6 crevettes jumbo
2 filets de sole ou de flétan

Riz au Safran page 65
1 grosse tomate coupée en 6 ou 8
Sel au goût
4 à 6 gros pétoncles tranchés
Sauce au soja

Placer les palourdes dans une grande casserole. Verser de l'eau froide pour couvrir. Ajouter la farine de maïs. Laisser reposer 15 minutes. Égoutter. Frotter les palourdes à l'eau froide avec une brosse douce. Le trempage à la farine de maïs rend le nettoyage plus facile. Décortiquer les crevettes, en laissant l'écaille sur les queues et retirer les veines dorsales. Couper les filets de poisson en bandes de 1,5 cm. Mettre les palourdes, les crevettes et le poisson de côté. Placer une grille dans le wok. Verser de l'eau dans le wok jusqu'à 2,5 cm sous le grille. Amener à légère ébullition à feu modéré. Pendant que l'eau chauffe, déposer du Riz au Safran dans une assiette ronde, profonde allant au four d'environ 20 cm. Disposer les morceaux de tomates sur le riz. Placer l'assiette sur la grille. Couvrir le wok et cuire à la vapeur, 5 minutes. Déposer les palourdes, les crevettes, le poisson et les pétoncles sur le riz. Couvrir le wok. Cuire à la vapeur jusqu'à ce que les palourdes s'ouvrent, que les crevettes aient une délicate couleur rosée et que le poisson et les pétoncles soient fermes (de 3 à 4 minutes). Jeter les palourdes qui n'ouvrent pas. Asperger légèrement de sauce au soja. Servir directement du plat de cuisson.

Truite Croustillante à la Mode Malaisienne

*Du poisson délicatement cuit à la vapeur, servi avec des oignons croquants
et une sauce savoureuse.*

1 truite de 1 kg à 1,200 kg ou un autre
   poisson à chair blanche
3 cuil. à soupe de sherry sec
2 cuil. à soupe de sauce au soja
1 boîte de petits piments verts
   piquants

1 gros oignon rouge
2 cuil. à soupe d'huile
¼ tasse de sauce au soja
3 tasses de riz cuit chaud ou de Riz au
   Safran page 65

Pratiquer 4 ou 5 entailles diagonales de chaque côté du poisson. Placer dans un plat
à cuisson peu profond, ovale ou rond, de 2 litres. Dans un petit bol, mélanger le sherry
et 2 cuillerées à soupe de sauce au soja. Verser sur le poisson. Retourner le poisson
pour le couvrir de sauce de tous les côtés. Installer la grille dans le wok. Verser de l'eau
dans le wok jusqu'à 2,5 cm sous la grille. Amener à légère ébullition à feu modéré.
Placer le plat sur la grille. Couvrir le wok. Cuire à la vapeur 20 à 25 minutes, jusqu'à ce
que le poisson soit opaque. Le poids du poisson influence le temps de la cuisson.
Pendant que le poisson cuit, égoutter les piments sur du papier absorbant. Retirer et
jeter les graines et hacher finement le piment. Mettre de côté. Trancher l'oignon
verticalement en rondelles de ½ cm et séparer les lamelles. Après 2 à 3 minutes de
cuisson chauffer l'huile dans une poêle moyenne. Ajouter les tranches d'oignons.
Sauter en remuant à feu vif jusqu'à ce que l'oignon soit très croquant et brun, environ
4 minutes. Ne pas brûler. Ajouter les piments hachés, ¼ de tasse de sauce au soja en
une seule fois. Lorsque les éclaboussures cessent, verser le mélange d'oignons sur le
poisson. Servir avec du riz cuit ou du Riz au Safran, ou servir dans un buffet à
l'orientale.   2 à 4 portions

Pétoncles Chop Suey

Si vous aimez les fruits de mer, vous raffolerez de ce plat.

2 cuil. à soupe d'huile
450 g de gros pétoncles frais tranchés
1 petit oignon haché
1 piment vert haché
1 paquet (450 g) de légumes, style
   chinois, dégelés
½ tasse de germes de soja

¼ tasse d'eau
1 cuil. à soupe de sauce aux huîtres
¼ tasse d'eau
1 cuil. à café de fécule de maïs
2 à 3 tasses de Riz Doré chaud, page 59
½ tasse de nouilles chinoises frites

Faire chauffer 1 cuillerée à soupe d'huile dans le wok à feu vif. Ajouter les pétoncles.
Sauter jusqu'à ce qu'ils deviennent opaques, environ 3 minutes. Égoutter sur du papier
absorbant. Faire chauffer dans le wok la cuillerée d'huile qui reste. Ajouter les oignons
et le piment vert. Sauter 1 minute. Ajouter les légumes style chinois, les germes de soja
et ¼ tasse d'eau. Ajouter la sauce aux huîtres. Sauter 2 minutes. Couvrir le wok.
Mijoter jusqu'à ce que les légumes soient légèrement croquants (environ 3 minutes).
Dans un petit bol, mélanger ¼ tasse d'eau et la fécule de maïs. Incorporer au mélange
de légumes. Ajouter les pétoncles cuits. Remuer doucement jusqu'à cuisson complète,
environ 2 minutes. Déposer sur le Riz Doré. Saupoudrer chaque portion de quelques
nouilles chinoises frites.   4 portions

Crevettes Szechuan à la Tom Lee

Un grand chef américo-chinois a adapté cette recette spécialement pour ce livre.

450 g de crevettes fraîches ou
  dégelées, moyennes ou grosses
½ tasse d'oignon vert en tranches
  minces
½ tasse de pousses de bambou
  émincées
1 cube de gingembre émincé
1 gousse d'ail émincée
½ tasse de ketchup
¼ tasse de sherry sec

1 cuil. à soupe de sauce au soja
1 cuil. à café de sucre
1 cuil. à café d'huile de sésame
½ cuil. à café de piment rouge séché et
  concassé
1 cuil. à soupe d'huile d'arachide ou
  végétale
3 tasses de nouilles chinoises aux œufs
  cuites ou de riz

Décortiquer les crevettes et retirer la veine dorsale. Mettre les crevettes nettoyées de côté. Dans un petit bol, mélanger l'oignon vert, les pousses de bambou, le gingembre et l'ail. Dans un autre petit bol, mélanger le ketchup, le sherry, la sauce au soja, le sucre, l'huile de sésame et le piment rouge. Faire chauffer l'huile d'arachide ou l'huile végétale dans le wok à feu vif. Ajouter le mélange d'oignons verts ; sauter 1 minute. Ajouter les crevettes et sauter en remuant 2 minutes. Y ajouter le mélange de ketchup jusqu'à ce que le tout soit chaud. Servir sur des nouilles chinoises ou du riz.   4 portions

Crevettes Roses et Petits Pois

Ayez des petits pois et des crevettes au congélateur pour ce plat de fête.

225 g de petites crevettes congelées
1 cuil. à soupe de fécule de maïs
2 cuil. à soupe de sherry sec
2 cuil. à soupe de sauce au soja
1 cuil. à café d'huile de Sésame, si
  désiré

Huile à friture
2 tasses de riz cuit chaud
300 g de petits pois congelés, dégelés
  et égouttés
½ tasse de bouillon de poulet ou de
  bouillon de légumes

Placer le paquet, non ouvert, de crevettes sous l'eau froide pendant 1 minute. Mettre les crevettes dans une passoire, pour égoutter et finir de dégeler. Dans un bol de grosseur moyenne non métallique, mélanger la fécule de maïs avec le sherry. Y ajouter également la sauce au soja et l'huile de sésame, si désiré. Ajouter les crevettes. Mettre de côté et laisser mariner 15 minutes. Verser 3,5 cm d'huile à friture dans le wok. Chauffer à 350° F (175° C). Mettre le riz dans un grand bol de service. Mettre de côté et garder au chaud. Placer les petits pois dans un tamis en métal et plonger le tamis dans l'huile chaude. Cuire ainsi les petits pois 1 minute. Soulever le tamis au-dessus du wok pour égoutter. À la cuillère, déposer les pois sur le riz chaud. Égoutter les crevettes marinées et conserver la marinade dans une petite casserole. Déposer les crevettes égouttées dans un tamis en métal. Plonger le tamis dans l'huile chaude. Cuire les crevettes 30 secondes. Soulever le tamis au-dessus du wok pour égoutter. Étendre les crevettes cuites sur les petits pois ; garder au chaud. Verser le bouillon dans la marinade précédemment mise de côté. Brasser sur feu modéré jusqu'à épaississement. À la cuillère, répartir sur les crevettes et les petits pois.   pour 2 personnes

Poisson Aigre-Doux

Des lamelles de poisson tendres, croustillantes avec juste ce qu'il faut de sauce piquante.

4 portions

¼ tasse de gingembre confit émincé
¼ tasse de sherry sec
2 cuil. à soupe de fécule de maïs
500 à 750 g de filets de poisson, coupés en lamelles
Huile à friture
3 cuil. à soupe de sauce au soja
⅓ tasse de sucre brun tassé
2 cuil. à soupe de fécule de maïs

1 tasse de bouillon de poulet ou de bouillon de légumes
2 cuil. à soupe de sherry sec
¼ tasse de saké ou de vinaigre de vin blanc
1 cuil. à soupe d'huile
1 petit piment vert coupé en carrés de 1,5 cm
1 petit oignon haché

Rincer le gingembre confit pour enlever l'excès de sucre. Placer le gingembre rincé dans un petit bol. Humecter de ¼ de tasse de sherry. Mettre de côté. Étendre 2 cuillerées à soupe de fécule de maïs dans une assiette à tarte et rouler les lamelles de poisson pour les couvrir de tous les côtés. Verser 4 cm d'huile à friture dans le wok. Faire chauffer l'huile à 350° F (175° C). Frire les lamelles de poisson, quelques unes à la fois dans l'huile chaude jusqu'à ce qu'elles soient d'un brun doré (3 ou 4 minutes). Égoutter sur du papier absorbant. Mettre de côté. Dans un petit bol, mélanger la sauce au soja, le sucre brun, 2 cuillerées à soupe de fécule de maïs, le bouillon, 2 cuillerées à soupe de sherry et le saké ou le vinaigre. Mettre de côté. Retirer l'huile déjà utilisée du wok. Essuyer le wok avec un papier absorbant. Faire chauffer 1 cuillerée à soupe d'huile dans le wok à feu vif. Ajouter le piment vert et l'oignon. Sauter 30 secondes. Ajouter le mélange de sauce au soja et le mélange de gingembre. Brasser à feu vif jusqu'à ce que la sauce épaississe, environ 1 minute. Disposer le poisson cuit sur une assiette. Verser la sauce sur le poisson. Servir immédiatement.

Crevettes à la Vapeur

Servir ces crevettes tendres et juteuses avec de la Sauce Rémoulade ou de la Sauce Romanoff

Grosseur des crevettes	Nombre de crevettes par ½ kg	Temps de cuisson pour ½ kg
Jumbo	12 à 14	3 minutes
Grosse	16 à 24	2½ minutes
Moyenne	23 à 25	2 minutes

Installer la grille dans le wok. Verser de l'eau dans le wok jusqu'à 2,5 cm sous la grille. Amener à ébullition à feu modéré. Décortiquer les crevettes, en laissant l'écaille sur la queue. Utiliser un petit couteau coupant pour retirer la veine dorsale. Disposer les crevettes sur une seule couche ou se superposant très légèrement sur la grille, ou les déposer dans un plat de 20 cm de côté allant au four. Placer le plat sur la grille. Couvrir le wok. Cuire à la vapeur, en variant la durée de cuisson selon le tableau ci-dessus.

Homard Cuit à la Vapeur

Le roi des fruits de mer

2 homards de 500 g à 1 kg
Trempette Beurre et Citron page 133

Mayonnaise au Citron page 136 ou
Sauce Tartare page 135

Grosseur du homard	Temps de cuisson à la vapeur	Temps d'attente
500 g	3 minutes	10 minutes
600 à 700 g	4 à 5 minutes	10 minutes
700 g à 1 kg	5 à 6 minutes	10 minutes

Garder les homards vivants sur la glace jusqu'au moment de les cuire à la vapeur. Placer la grille dans le wok. Verser de l'eau dans le wok jusqu'à 2,5 cm sous la grille. Amener l'eau à grande ébullition. Placer les homards vivants sur la grille. Couvrir le wok. Cuire à la vapeur selon le temps de cuisson spécifié ci-dessus. Retirer le wok du feu. Laisser reposer en laissant couvert pour le temps d'attente. Retirer les homards du wok. Quand ils sont assez refroidis pour être manipulés, les retourner sur le dos. Avec un couteau lourd et tranchant, séparer les homards dans le milieu et retirer l'estomac et l'intestin. On les identifiera facilement dans la queue, près de la carapace du dos. Laisser le foie et les œufs dans la coquille. Ils sont délicieux. Servir chaud avec une Trempette Beurre et Citron ou réfrigérer et servir avec de la mayonnaise au citron ou de la sauce tartare. 						Pour 2 personnes

Sole à la Sauce au Sésame

Servir ce mets remarquable dans son plat de cuisson.

1 petit citron
2 tasses d'eau bouillante
2 filets de sole moyens
2 cuil. à café d'huile de sésame
2 cuil. à café de sauce au soja
1 cuil. à café de vinaigre de vin blanc

2 oignons verts, coupés en julienne de 5 cm
1½ tasse de Riz au Safran froid page 65
ou de Riz Doré page 59 ou de riz
blanc cuit
¼ tasse d'amandes émincées
1½ tasse de pois cuits froids

Trancher les extrémités d'un citron. Garder les bouts pour d'autres recettes. Débiter la partie du citron qui reste en tranches minces et les couper en deux. Dans un bol moyen verser l'eau bouillante sur les tranches de citron. Laisser reposer 15 minutes. Égoutter ; mettre les tranches de citron de côté. Placer le poisson sur une surface plane, la peau en-dessous. Plier les extrémités de chacun des filets vers le centre pour obtenir des carrés d'environ 8 × 10 cm. Placer les carrés de filet de poisson côte à côte dans le centre d'un plat à cuisson de 25 × 15 cm. Dans un petit bol, mélanger l'huile de sésame, la sauce au soja et le vinaigre. Verser sur le poisson. Étendre les oignons en julienne sur le poisson. Dans un bol moyen, mélanger le riz et les amandes. En alternant, déposer en petits monticules le mélange de riz et le mélange de pois verts dans le plat, autour du poisson. Séparer chacun des petits monticules par une demi-tranche de citron. Placer la grille dans le wok. Y verser de l'eau jusqu'à 2,5 cm sous la grille. Amener l'eau à légère ébullition à feu modéré. Placer le plat sur la grille. Couvrir le wok. Faire cuire à la vapeur 10 minutes ou jusqu'à ce que le poisson soit opaque et que le riz et les pois soient chauds. 						Pour 2 personnes

1. Avec des pinces, plonger les feuilles dans de l'eau bouillante jusqu'à ce qu'elles soient légèrement ramollies. Égoutter sur du papier absorbant.

2. Placer ¼ du mélange de saumon vers le cœur de chaque feuille de laitue. Replier les côtés de la feuille sur la farce. Rouler à la façon d'un gâteau roulé.

Thon à la Mode de l'Est Indien

Un repas exceptionnellement rapide à préparer si vous avez du riz cuit dans votre réfrigérateur.

4 portions

½ tasse de crème sure
1 cuil. à café de poudre de curry
½ cuil. à café de sel
2 tasses de riz cuit froid
¼ tasse de chutney haché

275 g de thon en boîte
1 grosse tomate, épépinée et hachée
Paprika
Feuilles de menthe fraîche pour garnir, si désiré.

Dans un petit bol, mélanger la crème sure, la poudre de curry et le sel. Mettre de côté. Dans un bol de grosseur moyenne, mélanger le riz et le chutney; mettre de côté. Égoutter la moitié du liquide du thon. Déposer le thon dans le centre d'un plat rond de 20 cm allant au four. Déposer la tomate sur le thon et le mélange de riz autour du thon. Placer la grille dans le wok. Verser de l'eau dans le wok jusqu'à 2,5 cm sous la grille. Amener à ébullition légère à feu moyen. Placer le plat sur la grille. Couvrir le wok. Cuire à la vapeur 10 minutes. Étendre le mélange de curry sur le thon. Cuire à la vapeur 5 minutes de plus. Saupoudrer de paprika. Si désiré garnir le centre de feuilles de menthe fraîche.

Feuilles de Laitue Roulées à la Mousse de Saumon

Un plat particulièrement agréable à regarder, tout indiqué pour un repas de fête.

1 boîte (225 g) de miettes de saumon
  égouttées
2 cuil. à soupe de ciboulette hachée
½ cuil. à soupe de feuilles d'estragon
  sèches broyées
½ cuil. à café de Paprika
2 cuil. à soupe de jus de citron

1 laitue Boston
Eau bouillante
2 carottes moyennes, coupées en
  lamelles
½ paquet (300 g) de haricots verts
  partiellement dégelés
Sauce au citron (voir ci-dessous)

Sauce au citron :
3 cuil. à soupe de beurre
2 cuil. à soupe de farine tout usage
1 tasse d'eau bouillante
¼ tasse de jus de citron

¼ cuil. à café de sel
2 à 3 gouttes de sauce piquante
⅓ tasse de yaourt ou crème sure à la
  température de la pièce

Mettre le saumon dans un bol moyen. Y ajouter la ciboulette, l'estragon, le paprika et le jus de citron. Mettre de côté. Retirer 4 belles feuilles de la laitue. Garder les autres feuilles pour un autre usage. Enlever la partie dure à la base des feuilles. Avec des pinces, plonger les feuilles dans de l'eau bouillante, une à la fois, jusqu'à ce qu'elles soient légèrement ramollies. Égoutter sur du papier absorbant. Placer ¼ du mélange de saumon vers le cœur de chaque feuille de laitue. Replier les côtés de la feuille sur la farce. Rouler à la façon d'un gâteau roulé. Mettre de côté. Placer la grille dans le wok. Verser de l'eau dans le wok jusqu'à 2,5 cm sous la grille. Amener à ébullition légère à feu modéré. Placer les carottes sur un côté d'un plat de 20 cm allant au four. Placer les haricots verts à l'autre extrémité. Placer le plat sur la grille. Couvrir le wok, cuire à la vapeur 10 minutes. Placer les rouleaux de laitue dans le centre du plat. Ajouter de l'eau bouillante dans le wok si nécessaire. Couvrir le wok et cuire à la vapeur 10 minutes de plus. Préparer la Sauce au Citron. Déposer 2 rouleaux au saumon et la moitié des légumes sur une assiette. Étendre de la sauce au citron sur le dessus et autour de chacun des rouleaux de saumon. Servir avec le reste de la sauce.   2 portions

Sauce au citron :

Dans une casserole moyenne, faire fondre le beurre à feu doux et incorporer la farine. Cuire et brasser 1 minute. Ajouter l'eau bouillante et brasser jusqu'à ce que le mélange soit épais et lisse. Mélanger le jus de citron, le sel et la sauce piquante. Ajouter le yaourt ou la crème sure. Servir chaud. Donne environ 1½ tasse.

Saumon à l'Orientale

La racine de gingembre cuite dans le sirop donne du gingembre confit.

1 boîte de 225 g de saumon
2 cuil. à soupe de sauce au soja
2 tasses de riz cuit refroidi
1 oignon vert, émincé
¼ tasse de persil frais haché

⅔ tasse de châtaignes d'eau hachées
2 cuil. à soupe de gingembre confit et
  finement haché
½ tasse de sauce chili

Égoutter la moitié du liquide du saumon. Déposer le saumon et le liquide dans le centre d'un plat de 20 cm rond peu profond, pouvant aller au four. Étendre la sauce au soja sur le saumon. Mettre de côté. Dans un bol moyen, mélanger le riz, l'oignon vert, le persil, les châtaignes d'eau et le gingembre. Déposer à la cuillère le mélange de riz autour du saumon. Installer la grille dans le wok. Verser de l'eau dans le wok jusqu'à 2,5 cm sous la grille. Amener à légère ébullition à feu modéré. Placer le plat sur la grille. Couvrir le wok. Cuire à la vapeur 10 minutes. À la cuillère étendre la sauce chili sur le saumon. Cuire à la vapeur 5 minutes de plus.

4 portions

Tranches de Poisson et Zucchini Tempura

Le Tempura préféré du cuisinier parce qu'il est tellement facile à faire et à servir.

4 portions

2 zucchini moyens
Huile à friture
½ tasse de farine tout usage
1 cuil. à soupe de fécule de maïs
1 cuil. à café de poudre à pâte
1 blanc d'œuf
Environ ¼ tasse d'eau gazeuse froide
450 g de filet de poisson coupés en

tranches de 1,5 cm
3 cuil. à soupe de sauce au soja
½ tasse de Dashi page 134 ou de bouillon de légumes
2 cuil. à soupe de vin mirin ou 2 cuillerées à soupe de sherry sec plus 1 cuil. à soupe de sucre
4 tasses de riz cuit chaud

Couper les zucchini en travers en morceaux de 2,5 cm. Couper chaque morceau dans le sens de la longueur en tranches minces. Mettre de côté. Verser 4 cm d'huile à friture dans le wok. Chauffer l'huile à 350° F (175° C). Préchauffer le four à 200° F (95° C). Pendant que l'huile chauffe, tamiser la farine, la fécule de maïs et la poudre à pâte dans un bol de grosseur moyenne. Y ajouter le blanc d'œuf puis l'eau gazeuse, 1 cuillerée à soupe à la fois, jusqu'à ce que la pâte ait une consistance de crème épaisse. Tremper les tranches de poisson dans la pâte. Égoutter légèrement au-dessus du bol. Avec des pinces, mettre les tranches de poisson enrobées de pâte dans l'huile chaude. Retourner une fois ; frire 3 ou 4 à tranches à la fois, jusqu'à ce qu'elles soient légèrement brunies, environ 30 secondes. Égoutter sur un papier absorbant. Les déposer à l'une des extrémités d'un plat à cuisson de 25 × 15 cm. Placer dans le four préchauffé, pour garder au chaud. Tremper les morceaux de zucchini dans la pâte. Les frire 2 ou 3 à la fois jusqu'à ce qu'ils soient brun doré et croustillants (de 30 à 60 secondes). Égoutter sur un papier absorbant. Placer dans le plat avec le poisson. Mélanger la sauce au soja, le dashi, ou le bouillon et le vin mirin ou le sherry et le sucre dans une petite casserole. Brasser à feu modéré jusqu'à ce que le tout soit légèrement réduit, de 1 à 2 minutes. Pour servir, diviser le riz en 4 petits bols. Verser 2 cuillerées à soupe de mélange de sauce au soja sur le dessus de chaque bol de riz. Répartir les tranches de poisson et de zucchini également sur les bols. Ajouter sur le dessus le mélange de sauce au soja restant.

Conseil

Après avoir fait de la friture dans votre wok, le laver dans de l'eau savonneuse et le sécher immédiatement.

Filet de Sole Florentine

Si vous ne voulez pas vous fatiguer ce soir à la cuisine, ce mets délicieux saura vous satisfaire.

1 petite tomate, coupée en quartiers
1 tasse bien pleine de feuilles
   d'épinards, rincées et séchées
2 cuil. à soupe de jus de citron

2 cuil. à soupe de sauce au soja
1 filet de sole, coupé en deux
   transversalement
8 champignons Enoki, si désiré

Retirer et jeter les graines et la pulpe de tomate. Mettre de côté. Couper deux carrés de 30 cm de papier d'aluminium. Huiler légèrement la moitié de chaque carré. Placer la moitié des épinards sur chacune des feuilles d'aluminium huilée. Mélanger le jus de citron et la sauce au soja. Asperger les épinards de la moitié du mélange de citron. Surmonter chaque portion d'un morceau de poisson et arroser du jus de citron qui reste. Couronner chaque portion de la moitié de la tomate et de la moitié des champignons, si désiré. Replier la partie non-huilée de chaque feuille d'aliminium, sans serrer les aliments et en ramenant les coins ensemble. Laisser un espace d'air au-dessus des aliments. Plier les bords ensemble en faisant 2 ou 3 tours. Tout ceci doit donner un emballage bien hermétique. Cuire à la vapeur immédiatement ou réfrigérer durant une heure. Pour cuire à la vapeur, installer la grille dans le wok. Verser de l'eau dans le wok jusqu'à 2,5 cm sous la grille. Amener à ébullition légère à feu moyen. Disposer les emballages sur la grille. Couvrir le wok, cuire à la vapeur 6 minutes. Pour servir, couper un grand X sur le dessus de chacun des emballages. Replier le papier d'aluminium. Déposer les emballages sur une assiette individuelle ou sur un plateau de service.   2 portions

Filets de Poisson à la Créole

De la Nouvelle-Orléans, des filets de poisson congelés transformés en un plat Haute-Cuisine.

450 g de filets de poisson congelés,
   partiellement dégelés
1 blanc d'œuf
½ tasse de fécule de maïs
4 à 5 cuil. à soupe d'huile
1 petit piment vert coupé en carrés de
   1,5 cm
1 petit oignon, finement haché

2 tomates moyennes, hachées
2 cuil. à soupe de sauce chili
1 cuil. à café de sucre
2 à 3 gouttes de sauce piquante
2 cuil. à café de jus de citron
¼ tasse de jus de palourdes
1 cuil. à café de sel
3 tasses de riz cuit chaud ou de riz doré

Couper les filets de poisson partiellement dégelés en tranches de 5 × 2 cm. Placer le blanc d'œuf dans un bol de grosseur moyenne. Verser la fécule de maïs dans une assiette à tarte. Tremper les tranches de poisson dans le blanc d'œuf, puis dans la fécule de maïs. Faire chauffer 3 à 4 cuillerées à soupe d'huile dans le wok à feu vif. Ajouter les morceaux de poisson enrobés, quelques uns à la fois. Frire 1 minute. Retourner avec précaution, en empêchant la chair de s'effriter. Frire 30 secondes de plus. Égoutter sur du papier absorbant. Mettre de côté et garder au chaud. Ajouter la cuillerée à soupe d'huile qui reste dans le wok chaud. Ajouter le piment vert et l'oignon. Sauter 2 minutes. Ajouter les tomates; sauter 1 minute. Couvrir le wok; laisser mijoter 30 secondes. Ajouter la sauce chili, le sucre, la sauce piquante, le jus de citron, le jus de palourde et le sel. Ajouter ensuite le poisson cuit, avec précaution. Chauffer 1 minute. Servir sur du riz chaud ou doré.   4 portions

Poulet & Dinde

Le poulet est un aliment de choix, versatile et de prix abordable. Comme le savent tous les bons cuisiniers, aucune autre viande ne s'adapte aussi bien et d'une façon aussi diversifiée à la cuisson. Le poulet peut être sauté, frit, cuit à la vapeur ou braisé au wok. On peut le cuire avec des légumes, des fruits, des noix de cajou ou des amandes. Des centaines de sortes d'épices et de sauces peuvent être utilisées pour faire ressortir la saveur délicieuse du poulet.

La cuisson du poulet au wok lui confère une saveur exceptionnelle et nutritive. Que peut-on demander de plus ? Cette méthode est rapide et simple. Aucune des recettes contenues dans ce livre ne requiert plus d'une heure de préparation, du début jusqu'à la table. La plupart s'exécutent en un temps record.

Un bon plat de poulet commence au marché. Le poulet idéal pour la cuisson au wok, est un poulet d'environ 1,5 kg à 2 kg. Il doit être dodu et sans aucune tache et avoir une odeur fraîche. La couleur de la peau est variable, elle peut être de n'importe quelle teinte, entre le blanc pur et le jaune doré, selon la façon dont le poulet a été engraissé. La couleur n'affecte en rien la saveur. Il importe de rechercher un poulet dont la chair est ferme. Il faut éviter les peaux flasques et les dépôts de graisse. L'os de la poitrine doit être flexible et recouvert d'une épaisse couche de chair. Retirez le poulet de son emballage dès que vous revenez du marché. Retirez les abats et le foie et enveloppez le poulet, sans serrer, afin que l'air circule librement autour. Placez-le dans la partie la plus froide de votre réfrigérateur pour une période n'excédant pas deux jours. Enveloppez hermétiquement et congelez tout poulet que vous n'avez pas l'intention d'utiliser dans un laps de temps très court. Le poulet peut être conservé au congélateur jusqu'à 3 mois. Pour dégeler le poulet, mettez-le dans le réfrigérateur ou dans l'eau froide, toujours enveloppé. Ne dégelez jamais un poulet à la température de la pièce. Les bactéries nuisibles croissent rapidement dans ces conditions.

Dinde et Porc à la Mode de Zurich

Un classique de la cuisine suisse pour votre wok.

4 portions

2 cuil. à soupe d'huile
225 g de gros champignons, tranchés finement
225 g de porc maigre désossé, coupé en tranches minces
½ tasse de sherry sec
225 g d'escalopes de dinde, coupées en tranches très minces

¼ tasse de bouillon de poulet ou de bouillon de légumes
1 tasse de crème sure
1 cuil. à soupe de ciboulette finement hachée
1 cuil. à soupe de persil finement haché
Sel et poivre, au goût
Des nouilles fines, cuites et égouttées

Dans le wok à feu vif, faire chauffer 1 cuillerée à soupe d'huile. Ajouter les champignons et sauter 1 minute. Les mettre dans un bol moyen. Mettre de côté. Faire chauffer dans le wok la cuillerée d'huile qui reste. Ajouter les tranches de porc ; sauter 1 minute. Ajouter le sherry. Couvrir le wok. Faire mijoter 3 minutes. Ajouter les tranches de dinde. Cuire jusqu'à ce qu'elles soient fermes, environ 1 minute. Ajouter les champignons cuits et le bouillon. Couvrir le wok. Faire mijoter jusqu'à ce que la plus grande partie du liquide se soit évaporée (environ 5 minutes). Retirer le wok du feu. Incorporer doucement la crème sure, la ciboulette, le persil, le sel et poivre. Remettre le wok à feu doux. Remuer jusqu'à ce que le mélange soit chaud, mais non bouillant, 30 secondes. Servir sur les nouilles.

Dinde Sautée à la Californienne

Les escalopes de dinde fraîches ou congelées sont disponibles dans la plupart des supermarchés.

6 portions

1 boîte de 450 g d'abricots
8 oignons verts
450 g d'escalopes de dinde ou
4 demi-poitrines de poulet désossées et sans peau
3 cuil. à soupe d'huile
½ tasse de châtaignes d'eau, finement hachées

2 cuil. à soupe de sauce hoisin ou de sauce au soja
2 cuil. à soupe de sherry sec
350 g de petits pois sucrés
½ tasse de noix de cajou non salées, grossièrement hachées
2 cuil. à café de fécule de mais
2 cuil. à soupe d'eau

Égoutter les abricots et garder le jus. Mettre de côté. Couper les oignons verts en quatre dans le sens de la longueur. Les couper en travers en morceaux de 5 cm. Mettre de côté. Couper la dinde ou le poulet en morceaux de 2 cm. Faire chauffer l'huile dans le wok à feu modéré. Ajouter les morceaux de viande. Sauter jusqu'à ce que la viande soit ferme et blanche, de 4 à 5 minutes. Ajouter les châtaignes d'eau. Incorporer le jus d'abricot, la sauce hoisin ou la sauce au soja et le sherry. Couvrir le wok ; faire mijoter 10 minutes. Ajouter en remuant les morceaux d'oignons verts, les abricots égouttés, les pois et les noix de cajou dans le mélange de viande. Cuire en remuant, 2 ou 3 minutes. Dans un petit bol, mélanger la fécule de maïs et l'eau. Ajouter au mélange de viande et brasser jusqu'à ce que la sauce épaississe, 1 à 2 minutes.

Poulet Braisé à la Chinoise

Les Chinois préparent ce plat avec un poulet entier, qu'ils coupent en petits morceaux avec un couperet très tranchant.

4 portions

1 poulet de 1 à 1,5 kg
1 cuil. à café de piment rouge fort séché et concassé
$^1/_3$ tasse de vinaigre de riz ou de vinaigre de vin blanc
2 cuil. à soupe de sauce au soja
3 cuil. à café d'huile d'arachide ou végétale
1 gousse d'ail émincée
1 cube de 2,5 cm de racine de gingembre émincée

225 g de champignons en tranches fines
2 tasses de bouillon de poulet
1 cuil. à café d'huile de sésame
¼ tasse de gelée de pommes
1 à 2 cuil. à café de vinaigre de riz ou de vinaigre de vin blanc
$^1/_8$ cuil. à café de piment rouge fort concassé
1 à 2 cuil. à café de sauce au soja

Avec un couperet tranchant et lourd, couper les ailes et les cuisses de poulet. Couper le bout des ailes et l'os de l'extrémité des cuisses. Avec le couperet, trancher le poulet avec les os, en morceaux de 4 cm. Placer les morceaux de poulet dans un grand bol en verre. Ajouter le piment rouge, $^1/_3$ tasse de vinaigre et 2 cuillerées à soupe de sauce au soja. Secouer pour recouvrir le poulet uniformément. Laisser reposer 1 heure à la température de la pièce. Égoutter et éponger avec du papier absorbant. Faire chauffer 1 cuillerée à soupe d'huile d'arachide ou d'huile végétale dans le wok à feu moyen. Ajouter la moitié du poulet mariné. Sauter jusqu'à ce qu'il soit légèrement brun, 3 à 4 minutes. Égoutter sur du papier absorbant. Faire chauffer une autre cuillerée à soupe d'huile d'arachide ou d'huile végétale dans le wok à feu modéré. Répéter l'opération avec ce qui reste de poulet. Faire chauffer la cuillerée à soupe d'huile qui reste dans le wok. Ajouter l'ail, le gingembre et les champignons. Sauter 1 minute. Verser le bouillon dans le wok. Amener à ébullition à feu moyen. Réduire à feu doux. Ajouter le poulet bruni. Couvrir le wok. Faire mijoter 30 minutes ou jusqu'à ce que le poulet soit tendre. Utiliser une cuillère perforée pour retirer le poulet et le déposer sur un grand plat de service; garder au chaud. Laisser le liquide refroidir dans le wok durant 15 minutes. Dégraisser la surface. Ajouter les ingrédients qui restent. Brasser à feu moyen jusqu'à ce que la sauce épaississe, environ 2 minutes. Déposer 3 ou 4 cuillerées à soupe de sauce sur le poulet. Servir avec le reste de la sauce.

Conseil

Utiliser votre imagination quand vous sautez des aliments mélangés. Juste avant de servir, ajoutez les ingrédients qui ne requièrent qu'un très court temps de cuisson.

Poitrines de Dinde à la Russe

Dinde aux pommes de terre et légumes, nappée d'une sauce crémeuse citronnée.

4 portions

2 carottes moyennes en tranches de 2,5 cm
8 petites pommes de terre nouvelles de grosseur uniforme
225 g de fèves vertes fraîches ou
1 paquet de 300 g de fèves vertes congelées
350 g de poitrines de dinde, ou
3 moitiés de poitrines de poulet sans peau et désossées
Sel

¼ tasse de farine tout usage
2 cuil. à soupe d'huile
120 g de champignons tranchés
1 jaune d'œuf légèrement battu
2 cuil. à soupe de mayonnaise, à la température de la pièce
¼ tasse de crème sure, à la température de la pièce
2 cuil. à café de jus de citron
½ cuil. à café de sel
½ cuil. à café de poivre

Installer la grille dans le wok. Verser de l'eau dans le wok jusqu'à 2,5 cm sous la grille. Amener à ébullition légère à feu moyen. Placer les pommes de terre et les carottes sur la grille. Couvrir le wok. Cuire à la vapeur jusqu'à ce que les légumes soient tendres environ 20 minutes. Refroidir légèrement. Peler les pommes de terre refroidies. Couper en deux ou en quartiers. Mettre de côté. Placer les fèves vertes dans une assiette carrée peu profonde allant au four. Déposer l'assiette sur la grille dans le wok. Ajouter de l'eau dans le wok si nécessaire. Couvrir le wok. Cuire à la vapeur jusqu'à ce que les fèves soient tendres, environ 10 minutes. Mettre les fèves cuites de côté. Jeter l'eau qui reste dans le wok. Essuyer le wok avec du papier absorbant. Pendant la cuisson des fèves, placer la dinde ou le poulet entre 2 feuilles de papier ciré. Les aplatir avec un rouleau à pâtisserie ou le côté d'un couperet jusqu'à ½ cm d'épaisseur. Couper la viande ainsi aplatie en lamelles de 1 cm de largeur. Rouler les lamelles de viande dans la farine. Utiliser les doigts pour répartir la farine uniformément. Secouer légèrement pour enlever l'excès de farine. Faire chauffer l'huile dans le wok à feu vif. Y ajouter les lamelles de volaille enfarinées. Faire sauter jusqu'à ce que la viande soit ferme et blanche, 4 à 5 minutes. Ajouter les champignons; sauter 1 minute. Ajouter les pommes de terre cuites, les carottes et les fèves vertes au mélange de volaille. Sauter en remuant jusqu'à ce que le tout soit chaud, environ 30 secondes. Retirer le wok du feu. Dans un petit bol, mélanger les ingrédients qui restent. Verser sur les légumes et la viande. Mettre le wok à feu doux. Remuer jusqu'à ce que la sauce soit épaisse et chaude, 1 à 2 minutes.

Conseil

N'utilisez jamais d'huile d'olive pour la friture. Sa saveur intense surpasse celle des aliments.

Escalopes de Dinde à la Holstein

Belles comme une image : escalopes tendres et fèves, le tout garni d'abricots, de citrons et de crème.

4 escalopes de dinde
½ tasse de farine tout usage
1 cuil. à café de sel
⅛ cuil. à café de poivre
1 tasse de chapelure fine
2 œufs — 1 cuil. à soupe d'eau
Huile à friture
1 cuil. à soupe d'huile
1 tasse de céleri en tranches diagonales

1 paquet de fèves vertes, 300 g
1 cuil. à café de poudre d'ail
½ cuil. à café de sel
225 g de moitiés d'abricots en boîte
¾ tasse de bouillon de légumes, ou de bouillon de poulet ou d'eau
Environ 2 cuil. à soupe de crème sure, pour garnir
Quartiers de citron pour garnir

Placer chaque escalope de dinde entre 2 feuilles de papier ciré. Avec un rouleau à pâtisserie ou le côté d'un couperet, aplatir les escalopes de dinde jusqu'à ce qu'elles aient ½ cm d'épaisseur. Couper les escalopes en deux. Mettre de côté. Mélanger la farine, le sel et le poivre dans une assiette à tarte. Étendre la chapelure dans une autre assiette à tarte. Dans un petit bol peu profond, battre les œufs et 1 cuillerée à soupe d'eau. Rouler les demi-escalopes dans le mélange de farine. Tremper dans le mélange d'œufs, puis enrober de chapelure. Verser 4 cm d'huile à friture dans le wok. Faire chauffer l'huile à 350° F (175° C). Retourner une fois, faire frire les escalopes dans l'huile chaude jusqu'à l'obtention d'un brun doré, 2 ou 3 minutes. Égoutter sur du papier absorbant, garder au chaud. Retirer l'huile du wok. Essuyer le wok avec du papier absorbant. Faire chauffer 1 cuillerée à soupe d'huile dans le wok à feu modéré. Ajouter le céleri, sauter et remuer 1 minute. Ajouter les fèves, la poudre d'ail et ½ cuillerée à café de sel. Faire égoutter les abricots, garder le jus. Ajouter le jus et le bouillon ou l'eau au mélange de céleri. Amener à ébullition. Réduire le feu. Couvrir le wok. Laisser mijoter 15 minutes ou jusqu'à ce que les fèves soient ramollies et presque tendres et que la plus grande partie du liquide se soit évaporée. À la cuillère les déposer dans le centre d'un grand plateau. Disposer les escalopes de dinde cuites autour du mélange de céleri. Couronner chaque escalope d'une moitié d'abricot. Garnir avec de la crème sure et des quartiers de citron.   4 portions

Poulet à l'Orange et au Miel

Un mélange délicieux de poulet tendre et juteux et de fruits mûrs, servi dans une sauce à l'orange.

2 grosses oranges
6 demi-poitrines de poulet sans peau et désossées
2 cuil. à soupe d'huile
1½ tasse de jus d'orange
¼ tasse de miel
2 à 3 gouttes de sauce au piment fort

½ cuil. à café de sel
2 cuil. à soupe de racine de gingembre, émincée, si désiré
1 cuil. à soupe de fécule de maïs
¼ tasse d'eau
3 tasses de riz chaud cuit

4 portions

Peler et diviser les oranges en tranches. Couper les tranches en 4 quartiers. Mettre de côté. Couper le poulet en morceaux de 2 cm. Faire chauffer l'huile dans le wok à feu vif. Ajouter les morceaux de poulet. Sauter à feu modéré jusqu'à consistance ferme et blanche, de 3 à 4 minutes. Ajouter le jus d'orange, le miel, la sauce au piment, le sel et le gingembre, si désiré. Faire mijoter 10 minutes. Mélanger la fécule de maïs et l'eau. Verser dans le mélange de poulet et brasser jusqu'à consistance épaisse, 30 à 60 secondes. Ajouter les quartiers d'orange. Chauffer en remuant. Servir sur le riz.

Ratatouille au Poulet

Pour servir quelque chose de vraiment spécial, c'est certainement la recette à utiliser.

4 demi-poitrines de poulet
  sans peau et désossées
2 cuil. à soupe d'huile
1 gousse d'ail émincée
1 oignon moyen haché
1 piment vert moyen coupé en julienne
225 g de champignons en tranches fines
2 petits zucchini hachés
1 petite aubergine pelée coupée en
  cubes de 1,5 cm

450 g de tomates italiennes au basilic
  en boîte
¼ tasse de vin blanc sec, si désiré
¼ cuil. à café d'épices à l'italienne
1 cuil. à café de sel
Poivre noir grossièrement moulu
1 cuil. à café de fécule de maïs
2 cuil. à soupe d'eau
3 tasses de riz chaud cuit ou
4 à 6 tranches de pain italien tranché

Couper le poulet en cubes de 2,5 cm. Faire chauffer l'huile dans le wok à feu vif. Ajouter le poulet, sauter jusqu'à consistance ferme, de 3 à 4 minutes. Ajouter l'ail, l'oignon, le piment vert, les champignons, les zucchini et l'aubergine. Sauter 2 minutes. Ajouter les tomates avec le jus et le vin, si désiré. Utiliser une cuillère en bois pour couper les tomates. Incorporer les épices à l'italienne, le sel et le poivre noir. Couvrir le wok. Remuer de temps en temps ; faire mijoter 5 minutes ou jusqu'à ce que les légumes soient tendres. Dans un petit bol, mélanger la fécule de maïs et l'eau. Incorporer le mélange de légumes. Cuire et remuer jusqu'à ce que le liquide épaississe, de 1 à 2 minutes. Servir chaud sur du riz ou à la température de la pièce avec de grosses tranches de pain italien.   4 à 6 portions

Poulet au Paprika

Pratique parce qu'il est préparé avec des nouilles au beurre en paquet.

6 demi-poitrines de poulet
  sans peau et désossées
3 cuil. à soupe d'huile
1 petit oignon haché
1 piment vert moyen en dés
¾ tasse de céleri, tranché
1 cuil. à soupe de paprika hongrois
½ cuil. à café de sel

½ tasse de bouillon de poulet ou
  de bouillon de légumes
½ tasse d'eau
130 g de nouilles au beurre, en paquet
½ tasse de crème sure
  à la température de la pièce
Sel et poivre noir

Placer chacune des poitrines de poulet entre 2 feuilles de papier ciré. Les aplatir avec un rouleau à pâtisserie ou le côté d'un lourd couperet jusqu'à ce que la viande ait ½ cm d'épaisseur. Couper les poitrines en lamelles de 1 cm de largeur. Faire chauffer 1 cuil. à soupe d'huile dans le wok à feu vif. Ajouter les lamelles de poulet. Sauter jusqu'à ce qu'elles soient fermes et blanches, de 5 à 7 minutes. Égoutter sur du papier absorbant. Réduire à feu moyen. Faire chauffer une autre cuil. à soupe d'huile dans le wok. Ajouter l'oignon et le piment vert. Sauter jusqu'à ce que le poulet soit tendre et croustillant. Égoutter sur du papier absorbant. Faire chauffer la cuil. à soupe d'huile qui reste, dans le wok à feu modéré. Ajouter le céleri ; sauter 2 minutes. Ajouter le paprika, le sel, le bouillon et l'eau. Amener à grande ébullition. Vider le contenu du paquet de nouilles dans le mélange bouillant. Brasser jusqu'à ce que les nouilles soient ramollies et se séparent les unes des autres. Réduire à feu doux. Brasser de temps en temps ; faire mijoter jusqu'à ce que les nouilles soient tendres, environ 7 minutes. Ajouter les lamelles de poulet, l'oignon cuit et le piment vert. Brasser légèrement jusqu'à ce que le tout soit chaud, 30 secondes. Retirer du feu. Incorporer la crème sure, le sel et le poivre noir.   6 portions

Pizza au Poulet

Un opéra italien de saveurs

4 portions

¼ tasse de farine tout usage
1 cuil. à café de feuilles d'origan
    concassées
1 cuil. à café d'épices à volaille
1 cuil. à café de sel
¼ cuil. à café de poivre
4 demi-poitrines de poulet, sans peau
    et désossées
3 tasses de bouillon de poulet ou de
    bouillon de légumes ou d'eau

35 g d'assaisonnement à tacos
1 cuil. à soupe d'huile
1 cuil. à soupe de beurre
1 gousse d'ail écrasée
2 petits pains italiens, coupés en 2
    dans le sens de la longueur
2 cuil. à soupe d'huile
¾ tasse d'olives mûres hachées
120 g de fromage Monterey Jack en
    miettes

Dans une assiette à tarte, mélanger la farine, l'origan, les épices à volaille, le sel et le poivre. Couper le poulet en morceaux de 2 cm. Les rouler dans le mélange de farine et mettre de côté. Dans un bol moyen, mélanger le bouillon ou l'eau à l'assaisonnement à tacos ; mettre de côté. Faire chauffer 1 cuil. à soupe d'huile et beurre dans le wok à feu moyen. Ajouter l'ail ; sauter 30 secondes. Retirer l'ail. Faire brunir légèrement les côtés des petits pains dans le wok ; mettre de côté. Essuyer le wok avec du papier absorbant. Faire chauffer 2 cuil. à soupe d'huile dans le wok à feu moyen. Ajouter les morceaux de poulet. Sauter jusqu'à consistance ferme et légèrement brunie, soit de 4 à 5 minutes. Ajouter l'assaisonnement à tacos. Couvrir le wok ; faire mijoter 10 minutes. Y incorporer les olives et le fromage. Étendre à la cuillère sur les petits pains brunis.

Poulet au Gingembre aux Poires Sautées

Un plat de poulet sauté sortant de l'ordinaire, agréable et facile à préparer.

450 g de demi-poires en boîte
¼ tasse d'eau
½ tasse de boisson gazeuse au
    gingembre
¼ tasse de sucre brun tassé
3 cuil. à soupe de sauce au soja
4 demi-poitrines de poulet,
    sans peau et désossées

3 cuil. à soupe d'huile
1 cuil. à soupe de fécule de maïs
¼ tasse d'eau
Sel
½ tasse de noix,
    grossièrement hachées
3 tasses de riz cuit chaud

Égoutter les poires, conserver le jus dans une tasse à mesurer. Ajouter suffisamment d'eau au jus de poire pour obtenir ¾ tasse de liquide. Dans un petit bol, ajouter au mélange de jus la boisson au gingembre, le sucre brun et la sauce au soja. Mettre de côté. Couper le poulet en morceaux de 2 cm. Faire chauffer l'huile dans le wok à feu vif. Ajouter les morceaux de poulet. Sauter en remuant jusqu'à consistance ferme et blanche, de 5 à 7 minutes. Ajouter le mélange de boisson au gingembre. Réduire à feu modéré. Couvrir le wok. Brasser de temps en temps ; faire mijoter à feu modéré durant 10 minutes. Dans un petit bol, mélanger la fécule de maïs, ¼ tasse d'eau et du sel au goût ; ajouter au mélange de poulet et brasser jusqu'à ce que la sauce épaississe, 1 à 2 minutes. Ajouter les demi-poires et les noix. Brasser de temps en temps en réchauffant. Servir sur du riz.   4 portions

Sandwich au Poulet Kon Tiki

Le chef du Kon Tiki, un célèbre restaurant de la Floride, vous offre cette sensationnelle recette.
4 portions.

1 carotte moyenne, pelée, et coupée en
  lamelles diagonales
1 tasse d'eau bouillante
4 demi-poitrines de poulet, sans peau
  et désossées
Sel et poivre
Environ ¼ tasse de farine tout usage
¼ tasse de beurre
4 tranches de pain français de 2,5 cm
  d'épaisseur
3 cuil. à soupe d'huile
1 zucchini moyen
  coupé en julienne de 5 cm

1 petit piment vert,
  coupé en julienne de 5 cm
1 boîte de 450 g de morceaux d'ananas
  non-sucrées, dans leur jus
½ tasse de bouillon de poulet ou
  de bouillon de légumes
1 cuil. à soupe de vinaigre de cidre
1 cuil. à soupe de sucre brun
1 cuil. à soupe de sauce au soja
2 cuil. à café de fécule de maïs
2 cuil. à soupe d'eau

Dans une petite casserole, cuire la carotte dans 1 tasse d'eau bouillante pendant 3 minutes. Égoutter et mettre de côté. Placer 1 poitrine de poulet entre 2 feuilles de papier ciré. Aplatir avec un rouleau à pâtisserie ou le côté d'un lourd couperet, jusqu'à ce qu'elle ait ½ cm d'épaisseur. Saler et poivrer. Répéter l'opération avec les autres poitrines de poulet. Tremper ensuite chacune des poitrines de poulet aplaties dans la farine ; avec les doigts, bien enrober la viande de farine. Secouer pour enlever l'excès de farine. Mettre de côté. Faire chauffer le wok à feu moyen. Ajouter 1 cuil. à soupe de beurre. Étendre une tranche de pain, le côté de la mie dans le beurre fondu. Retourner une fois ; cuire jusqu'à ce que le pain soit légèrement bruni des deux côtés. Répéter avec chacune des tranches de pain français et le beurre qui reste. Garder au chaud ou réchauffer légèrement dans un four préchauffé à 350°F (175°C), juste avant de servir. Essuyer le wok avec du papier absorbant. Faire chauffer 2 cuil. à soupe d'huile dans le wok, à feu moyen. Frire 2 poitrines de poulet à la fois dans l'huile chaude jusqu'à ce qu'elles soient légèrement brunies de chaque côté. Égoutter sur du papier absorbant ; garder au chaud. Retirer l'huile du wok. Essuyer le wok avec du papier absorbant. Faire chauffer dans le wok, à feu vif, la cuil. à soupe d'huile qui reste. Ajouter les carottes cuites, le zucchini et le piment vert. Sauter 2 minutes. Égoutter les ananas en conservant le jus. Verser le bouillon, le jus d'ananas, le vinaigre, ainsi que le sucre brun dans le mélange de légumes. Cuire et brasser jusqu'à ce que le liquide soit légèrement réduit, 2 à 3 minutes. Ajouter les ananas égouttées et la sauce au soja. Dans un petit bol, mélanger la fécule de maïs à 2 cuil. à soupe d'eau. Verser sur le mélange de légumes et brasser de 1 à 2 minutes jusqu'à ce que le liquide épaississe. Pour servir, déposer 1 morceau de poulet sur chacune des tranches de pain et les recouvrir à la cuillère d'une quantité égale de légumes et de sauce.

Conseil

La viande partiellement congelée garde mieux sa forme et est plus facile à couper que la viande non congelée.

__ Comment Préparer le Poulet Tandoori au Wok _____

1. Mariner les morceaux de poulet dans le mélange de yaourt à la température de la pièce pendant 2 ou 3 heures ou réfrigérer jusqu'à 12 heures.

2. Faire frire les morceaux de poulet jusqu'à ce qu'ils soient tendres lorsqu'on les pique avec une fourchette.

Poulet Tandoori au Wok

De la Nouvelle-Delhi, un poulet mariné dans un subtil mélange d'épices.

1 poulet de 1 kg à 1,5 kg
2 tasse de yaourt nature
½ tasse de jus de citron
½ cuil. à café de coriandre moulu
½ cuil. à café de poudre de chili ou de piment rouge piquant en poudre

1½ tasse de farine tout usage
1 cuil. à café de poudre de curry
½ cuil. à café de sel
¼ cuil. à café de poivre noir
Huile à friture
Quartiers de citron

Couper le poulet en deux dans le sens de la longueur. Retirer les os du dos et le bout des ailes. Avec un couperet, diviser chaque demi-poulet en 2 morceaux. Avec un rouleau à pâtisserie ou le côté d'un lourd couperet, aplatir légèrement chaque quart de poulet. Dans un grand bol, mélanger le yaourt, le jus de citron, le coriandre et la poudre de chili ou le piment rouge. Ajouter les morceaux de poulet. Retourner le poulet occasionnellement ; laisser reposer à la température de la pièce, durant 2 à 3 heures, ou couvrir et réfrigérer jusqu'à 12 heures. Égoutter les morceaux de poulet. Dans un sac en plastique ou en papier, mélanger la farine, la poudre de curry, le sel et le poivre. Ajouter le poulet mariné. Secouer le sac jusqu'à ce que le poulet soit bien recouvert du mélange de farine. Disposer les morceaux de poulet enrobés à environ 2,5 cm l'un de l'autre sur la grille. Laisser reposer 15 minutes. Verser 4 cm d'huile à friture dans le wok. Faire chauffer l'huile à 350°F (175°C). Frire les cuisses 20 minutes et les ailes 15 minutes, ou jusqu'à ce qu'ils soient tendres lorsqu'on les pique avec une fourchette. Égoutter sur du papier absorbant.

4 portions

Poulet au Curry Instantané

Personne ne croira que vous avez préparé ce superbe plat en moins de 20 minutes.

4 portions

Pêches Raita, si désiré,
   (voir ci-dessous)
1 cuil. à soupe de poudre de curry
1 cuil. à café de poudre de chili, si
   désiré
¼ tasse de jus de citron
2 cuil. à soupe d'huile
½ tasse d'oignons verts hachés
1 gousse d'ail émincée
2 tasses de poulet cuit, haché
½ cuil. à café de sucre brun

½ tasse de bouillon de poulet ou
   de bouillon de légumes
2 cuil. à café de fécule de maïs
2 cuil. à soupe d'eau
½ tasse de crème à fouetter
Sel
2 à 3 tasses de riz cuit chaud
½ tasse d'arachides grillées, hachées
¼ tasse de persil frais émincé.

Pêches Raita :
4 à 6 grosses pêches mûres
De l'eau bouillante
½ cuil. à café de sucre

½ cuil. à café de poivre rouge
   (cayenne)
2 cuil. à soupe de jus de citron
1 tasse de yaourt nature

Préparer les pêches Raita si désiré, mettre de côté. À la cuillère étendre le curry dans un petit bol. Si on désire obtenir un goût plus relevé, ajouter de la poudre de chili. Ajouter le jus de citron et mettre de côté. Faire chauffer l'huile dans le wok à feu doux. Ajouter les oignons verts et l'ail. Sauter jusqu'à consistance tendre et croquante, environ 1 minute. Ajouter le mélange de curry jusqu'à ce qu'il soit odorant, environ 30 secondes. Ajouter le poulet. Remuer pour enrober du mélange de curry. Ajouter le sucre brun et le bouillon. Augmenter à feu vif. Brasser jusqu'à ce que le mélange soit très chaud. Mélanger la fécule de maïs et l'eau. Ajouter dans le mélange de poulet et brasser jusqu'à ce que le mélange épaississe. Retirer le wok du feu. Incorporer la crème et le sel. Étendre à la cuillère le mélange de poulet sur le riz. Saupoudrer d'arachides hachées et de persil émincé. Servir avec les pêches Raita si désiré.

Pêches Raita :

Plonger les pêches dans l'eau bouillante durant 30 secondes. Tenir sous l'eau froide courante en même temps que l'on en fait glisser la peau. Couper les fruits dans un bol de grosseur moyenne. Saupoudrer de sucre, de poivre rouge, (cayenne) et de jus de citron. Ajouter le yaourt. Réfrigérer jusqu'à ce que les pêches soient froides.

Comment réutiliser de l'huile à friture.

L'huile dans laquelle du poisson ou des fruits de mer ont été frits doit être jetée. Passer les huiles utilisées à d'autres fins à travers un filtre à café ou une gaze. Ne répéter cette opération de réutilisation que 2 ou 3 fois, pas davantage. Conserver l'huile déjà utilisée dans un pot fermé dans le réfrigérateur. L'huile froide peut avoir une apparence quelque peu opaque, mais elle redeviendra parfaitement claire à la température de la pièce.

Poulet Sambal

Le sambal est un mélange de condiments Malais et Indonésiens servi avec du riz.

4 à 6 portions

½ petit citron
4 demi-poitrines de poulet,
   sans peau et désossées
2 cuil. à soupe d'huile
2 cuil. à soupe de sauce au soja
4 filets d'anchois réduits en pâte

3 tasses de riz cuit chaud
2 oignons verts émincés
1 oignon moyen haché
1 gousse d'ail émincée
¼ livre de champignons, tranchés
   minces
700 g de tomates italiennes en boîte

Peler le citron en une fine lamelle, en faisant attention de ne pas enlever la peau blanche. Couper la pelure en bandes étroites. Presser le jus du citron. Mettre la pelure et le jus de côté. Couper le poulet en travers en lamelles de 1,5 cm. Faire chauffer 1 cuil. à soupe d'huile dans le wok à feu vif. Ajouter les lamelles de poulet. Sauter jusqu'à consistance ferme et blanche, de 6 à 8 minutes. Égoutter sur du papier absorbant. Faire chauffer à feu vif, dans le wok, la cuil. à soupe d'huile qui reste. Ajouter l'oignon, l'ail et les champignons. Sauter 1 minute. Incorporer le jus de citron, la pelure de citron et les tomates avec le jus. Utiliser une cuillère en bois pour séparer les tomates en morceaux. Amener à ébullition. Réduire la chaleur jusqu'à ce que le mélange mijote à peine. Ajouter la sauce au soja. Incorporer les anchois dans le mélange de tomates. Brasser les lamelles de poulet jusqu'à ce qu'elles soient recouvertes de sauce. Couvrir le wok. Faire mijoter 5 minutes. Servir sur du riz. Garnir chaque portion avec un soupçon d'oignon vert.

Poulet et Riz du Bengale

Un mélange du sud-est asiatique : riz au curry, poulet, carottes et petits pois.

6 portions

½ tasse de raisins secs
¼ tasse de bouillon de poulet ou
   de bouillon de légumes
½ tasse de carottes en dés
De l'eau bouillante
2 cuil. à soupe d'huile

½ tasse d'oignon haché
1 cuil. à soupe de poudre de curry
1 tasse de pois verts cuits
2 tasses de poulet en dés
3 tasses de riz cuit et froid

Faire tremper les raisins dans le bouillon 15 minutes. Égoutter et garder le bouillon. Dans une petite casserole, cuire les carottes 3 minutes dans l'eau bouillante. Égoutter et mettre de côté. Faire chauffer l'huile à feu vif. Ajouter l'oignon et frire en remuant 1 minute. Ajouter la poudre de curry, les carottes cuites, les pois, le poulet et le bouillon précédemment mis de côté. Sauter 30 secondes. Ajouter le riz et les raisins. Sauter jusqu'à ce que le mélange soit chaud, environ 2 minutes.

Poulets de Grain à la Pékinoise

Des poulets de grain cuits à la vapeur, puis frits selon une vieille recette chinoise.

2 poulets de grain dégelés
¼ tasse d'eau bouillante
½ tasse de sucre brun tassé
1 cuil. à soupe de moutarde sèche

½ tasse de sherry sec
¼ tasse de sauce au soja
Huile à friture

Retirer le gésier, le foie et le cou de chacun des poulets. Conserver pour une soupe ou un bouillon. Rincer l'intérieur et l'extérieur des poulets sous l'eau froide. Avec un couteau tranchant ou des cisailles, couper les poulets en deux dans le sens de la longueur. Mettre de côté. Placer une grille dans le wok. Verser de l'eau dans le wok jusqu'à 2,5 cm sous la grille. Amener l'eau à ébullition légère à feu modéré. Disposer les moitiés de poulets sur la grille. Couvrir le wok et faire cuire à la vapeur 25 minutes. Disposer les poulets dans deux plats carrés de 20 cm et allant au four, sans les superposer. Retirer l'eau du wok. Essuyer le wok avec du papier absorbant. Dans un petit bol, verser ¼ tasse d'eau bouillante sur le sucre et la moutarde. Brasser jusqu'à dissolution. Ajouter le sherry et la sauce au soja. Verser sur les poulets. Laisser mariner une heure, en retournant souvent. Verser 4 cm d'huile à friture dans le wok. Faire chauffer l'huile à 350°F(175°C). Frire chaque demi-poulet jusqu'à ce qu'il soit doré, de 5 à 7 minutes de chaque côté. Ajouter davantage d'huile si nécessaire. Servir chaud ou à la température de la pièce.   2 à 4 portions

Poulet à la Sauce Teriyaki

Personne, absolument personne ne peut résister à ce somptueux poulet.

12 cuisses de poulet, sans peau et désossées
½ tasse de sauce Teriyaki
½ tasse de sherry sec
1 cube de 2,5 cm de racine de gingembre râpée ou 1 cuil. à café de gingembre moulu
1 gousse d'ail émincée

1 cuil. à café de sucre
¼ tasse de fécule de maïs
½ tasse de farine tout usage
½ tasse d'huile
1 cuil. à soupe de fécule de maïs
¼ tasse d'eau
3 tasses de riz cuit et chaud

Couper le poulet en morceaux de 2 cm. Mettre de côté dans un grand bol qui ne soit pas en métal. Dans un mélangeur ou un robot culinaire, mélanger la sauce teriyaki, le sherry, le gingembre et le sucre et l'ail. Mélanger jusqu'à ce que le gingembre et l'ail soient en purée. Verser sur les morceaux de poulet. Laisser reposer à la température de la pièce durant 30 minutes. Égoutter et garder la marinade. Mélanger ¼ tasse de fécule de maïs et la farine dans une assiette à tarte. Rouler les morceaux de poulet dans le mélange. Secouer pour enlever l'excès de farine. Faire chauffer l'huile dans le wok à feu modéré. Retourner de temps en temps, frire les morceaux de poulet dans l'huile chaude, quelques-uns à la fois, jusqu'à ce qu'ils soient tendres et bruns dorés, de 5 à 7 minutes. Égoutter sur du papier absorbant. Retirer l'huile du wok. Essuyer le wok avec du papier absorbant. Verser la marinade précédemment conservée dans le wok, amener à ébullition légère à feu modéré. Dans un petit bol mélanger 1 cuil. à soupe de fécule de maïs et l'eau. Vider et brasser dans la marinade jusqu'à ce que la sauce ait une consistance épaisse 1 à 2 minutes. Ajouter les morceaux de poulet brunis. Brasser jusqu'à ce que le mélange soit chaud, 30 secondes. Servir avec le riz.   4 portions

Poulet Mandarin

Une marinade orientale pour assaisonner la viande.

4 demi-poitrines de poulet	**125 g de champignons, tranchés**
sans peau et désossées	**¼ tasse de bouillon de poulet ou**
¼ tasse de miel	**de bouillon de légumes**
¾ tasse d'eau bouillante	**¼ tasse de sauce au soja**
1 gousse d'ail, écrasée	**180 g de mandarines en boîte,**
1 cube de 2,5 cm de racine	**égouttées**
de gingembre écrasée	**¼ tasse d'amandes émincées**
¹/₃ tasse de fécule de maïs	**1 cuil. à soupe de fécule de maïs**
Huile à friture	**¼ tasse d'eau**
1 cuil. à soupe d'huile	**3 tasses de riz cuit, chaud**

Couper le poulet en travers en lamelles de 1 cm. Dans un bol de grosseur moyenne, mélanger le miel et ¾ tasse d'eau bouillante. Ajouter les lamelles de poulet, l'ail et le gingembre. Laisser reposer à la température de la pièce durant 1 heure. Utiliser une cuillère perforée pour retirer le poulet de la marinade. Égoutter au-dessus du bol. Rouler les morceaux de poulet dans ¹/₃ tasse de fécule de maïs, mettre de côté. Retirer l'ail et le gingembre. Mettre de côté la marinade. Verser 4 cm d'huile de friture dans le wok. Faire chauffer l'huile à 350° F (175° C). Frire les lamelles de poulet enfarinées, quelques-unes à la fois, dans l'huile chaude jusqu'à ce qu'elles soient légèrement brunies, de 3 à 4 minutes. Égoutter sur du papier absorbant. Retirer l'huile du wok. Essuyer le wok avec du papier absorbant. Faire chauffer 1 cuil. à soupe d'huile dans le wok à feu vif. Ajouter les champignons. Sauter et remuer, 1 à 2 minutes. Ajouter le poulet bruni, le bouillon et les marinades précédemment conservées. Réduire à feu modéré. Couvrir le wok, faire mijoter 10 minutes. Ajouter la sauce au soja, les oranges et les amandes. Dans un petit bol mélanger 1 cuil. à soupe de fécule de maïs et ¼ tasse d'eau. Verser sur le mélange de poulet et brasser jusqu'à ce que le liquide épaississe, de 1 à 2 minutes. Servir sur du riz.   4 portions

Poulet Barbecue

Une saveur à la fois forte et douce

6 cuisses de poulet, sans peau	**¼ tasse d'oignon haché**
1 tasse de ketchup	**2 cuil. à café de moutarde préparée**
2 cuil. à soupe de vinaigre	**1 cuil. à café de sauce Worcestershire**
½ cuil. à café de sel	**2 à 3 gouttes de sauce forte piquante**

Avec un petit couteau tranchant, piquer chaque cuisse à plusieurs endroits des deux côtés afin que la sauce puisse pénétrer dans la viande. Disposer les cuisses ainsi piquées dans un plat rond de 20 cm en verre pouvant aller au four. Mélanger les ingrédients qui restent dans un petit bol. Verser sur le poulet. Laisser reposer à la température de la pièce durant une heure. Retourner les cuisses dans la sauce de temps en temps. Placer la grille dans le wok. Verser de l'eau dans le wok jusqu'à 2,5 cm sous la grille. Amener l'eau à ébullition légère à feu modéré. Poser le plat avec la marinade et le poulet sur la grille. Couvrir le wok. Cuire à la vapeur 1 heure. Ajouter davantage d'eau bouillante après 30 minutes si nécessaire.   4 à 6 portions

Poulet de Bombay

Mélange aromatique d'épices et d'herbes

6 demi-poitrines de poulet,
  sans peau et désossées
1 petite tête de chou-fleur d'environ
  450 g
1 cuil. à soupe d'huile
3 cuil. à soupe de beurre
½ cuil. à café de curcuma moulu
½ cuil. à café de coriandre moulue
½ cuil. à café de grains de cumin
½ cuil. à café de graines de moutarde
¼ cuil. à café de cannelle moulue

¼ cuil. à café de gingembre moulu
½ cuil. à café de sel
½ cuil. à café de sucre
1 tasse de pois frais ou congelés
1 petit piment en conserve, coupé en
  lamelles
½ tasse de bouillon de poulet ou
  de bouillon de légumes ou d'eau
1 cuil. à café de fécule de maïs
2 cuil. à soupe d'eau

Couper le poulet en morceaux de 2 cm. Mettre de côté. Couper le cœur du chou-fleur. Défaire le chou-fleur en petites fleurs. Placer la grille dans le wok. Verser de l'eau dans le wok jusqu'à 2,5 cm sous la grille. Amener l'eau à légère ébullition à feu moyen. Placer les fleurs de chou-fleur sur la grille. Couvrir le wok. Cuire à la vapeur jusqu'à ce que les petites fleurs de chou-fleur soient tendres et croquantes, environ 10 minutes. Mettre le chou-fleur de côté. Enlever l'eau du wok. Essuyer avec du papier absorbant. Faire chauffer l'huile dans le wok à feu vif. Ajouter les morceaux de poulet. Sauter jusqu'à ce que le poulet prenne une consistance ferme et blanche, de 6 à 7 minutes. Égoutter sur du papier absorbant. Refroidir légèrement le wok. Faire fondre le beurre dans le wok à feu doux. Y mettre le curcuma, la coriandre, les graines de cumin, les graines de moutarde, le gingembre, la cannelle, le sel et le sucre. Sauter et remuer 30 secondes. Augmenter le feu à moyen. Ajouter le chou-fleur, le poulet, les pois et le piment. Sauter 1 minute. Ajouter le bouillon ou ½ tasse d'eau. Dans un petit bol, mélanger la fécule de maïs et 2 cuil. à soupe d'eau. Incorporer le poulet et remuer jusqu'à ce que la sauce épaississe, environ 1 minute.   6 portions

Poulet à la Crème à la Mode de Bali

Une sauce crémeuse à la noix de coco, rend ce poulet sauté délicieusement différent.

6 portions

4 demi-poitrines de poulet,
  sans peau et désossées
6 cuisses de poulet,
  sans peau et désossées
⅓ tasse de fécule de maïs
3 cuil. à soupe d'huile
1 oignon moyen émincé
1 petit piment vert, finement haché
1 gousse d'ail, émincée

2 cuil. à café de poudre de curry
1 tasse de bouillon de poulet ou
  de bouillon de légumes
425 g de crème de noix de coco en
  boîte
2 cuil. à soupe de fécule de maïs
¼ tasse d'eau
3 à 4 tasses de laitue Iceberg finement
  coupée ou de Bok Choy

Couper le poulet en morceaux de 2 cm, en séparant le blanc et la viande brune. Rouler les morceaux de poulet dans ⅓ tasse de fécule de maïs. Secouer pour retirer l'excès de fécule. Faire chauffer 2 cuil. à soupe d'huile dans le wok à feu vif. Ajouter la viande des cuisses de poulet. Sauter jusqu'à ce que le tout soit bruni, environ 3 minutes. Ajouter la viande des poitrines de poulet et continuer à sauter jusqu'à ce que la viande des poitrines soit blanche et ferme, environ 5 à 7 minutes. Égoutter le poulet cuit sur du papier absorbant. Faire chauffer la cuil. à soupe d'huile qui reste dans le wok à feu vif. Ajouter l'oignon, le piment vert et l'ail. Sauter jusqu'à ce que l'oignon soit tendre, environ 1 minute. Incorporer la poudre de curry, le bouillon et la crème de noix de coco. Amener à ébullition. Ajouter le poulet cuit. Brasser constamment, cuire 5 minutes. Dans un petit bol, mélanger 2 cuil. à soupe de fécule de maïs et l'eau. Brasser et incorporer au mélange de poulet en remuant jusqu'à ce que la sauce épaississe, de 1 à 2 minutes. Servir sur la laitue finement coupée ou sur le Bok Choy.

Poulet à la Tahitienne

Réception — Perfection

6 portions

1 boîte de 425 g d'ananas en morceaux
Environ ²/₃ tasse de bouillon de poulet,
    de bouillon de légumes ou d'eau
6 demi-poitrines de poulet,
    sans peau et désossées
1 œuf
1 cuil. à soupe d'eau
¹/₃ tasse de fécule de maïs
Environ 2 cuil. à soupe d'huile
2 carottes moyennes, grattées et
    coupées en tranches diagonales
    minces
1 piment vert moyen, coupé en carrés
    de 2,5 cm

2 cuil. à soupe de sucre
2 cuil. à soupe de vinaigre de cidre
2 cuil. à soupe de sauce au soja
¹/₈ cuil. à café de noix
    de muscade moulue
¼ cuil. à café de cannelle moulue
¹/₈ cuil. à café de clou de girofle moulu
½ tasse d'amandes rôties émincées
2 cuil. à soupe d'eau
1 cuil. à soupe de fécule de maïs
4 tasses de riz cuit chaud
2 cuil. à soupe de persil
    frais émincé.
2 cuil. à soupe de gingembre confit,
    en lamelles

Égoutter les ananas en conservant le jus dans une tasse à mesurer. Ajouter suffisamment de bouillon ou d'eau au jus pour obtenir une tasse de liquide. Mettre de côté les ananas et le mélange de jus. Couper le poulet en travers, en bandes de 1,5 cm. Mettre de côté. Battre l'œuf et 1 cuil. à soupe d'eau dans un plat à tarte. Étendre ¹/₃ tasse de fécule de maïs dans un autre plat à tarte. Rouler les bandes de poulet dans le mélange d'œuf puis dans la fécule de maïs. Secouer pour enlever l'excès de fécule. Faire chauffer 2 cuil. à soupe d'huile dans le wok à feu vif. Frire la moitié des lamelles de poulet à la fois dans l'huile chaude, jusqu'à ce qu'elles soient dorées. Ajouter davantage d'huile si nécessaire. Égoutter sur du papier absorbant. Ajouter les carottes et le piment vert dans l'huile. Sauter et remuer à feu vif, 1 minute. Réduire à feu moyen. Ajouter le mélange de jus, le gingembre, le sucre, le vinaigre, la sauce au soja, la muscade, la cannelle et le clou de girofle. Brasser jusqu'à ce que le sucre soit dissous, environ 30 secondes. Ajouter le poulet. Couvrir le wok, mijoter 5 minutes. Ajouter les morceaux d'ananas et les amandes. Dans un petit bol, mélanger 2 cuil. à soupe d'eau et 1 cuil. à soupe de fécule de maïs. Ajouter au mélange de poulet et brasser jusqu'à ce que la sauce épaississe, 1 à 2 minutes. Servir sur du riz. Saupoudrer de persil émincé.

Poulets de Grain Farcis aux Fruits

Des oiseaux tendres et juteux à la peau brune et croustillante

2 poulets de grain dégelés
2 cuil. à soupe de vin de riz
  ou de brandy
1 cuil. à café de sel
3 cuil. à soupe de beurre
1 petit oignon, émincé
1 tasse de mélange d'herbes
¼ tasse de jus d'orange concentré dégelé

1 petite pomme épluchée et émincée
¼ tasse de raisins
½ tasse de pécans
  grossièrement hachés
2 œufs
1 cuil. à café de sauce au soja
½ tasse de farine tout usage
¼ tasse d'eau

Retirer le foie et le gésier des poulets et les mettre de côté. Rincer l'intérieur et l'extérieur des poulets à l'eau froide. Éponger avec du papier absorbant. Frotter chaque poulet avec du vin ou du brandy et du sel. Laisser reposer à la température de la pièce durant 15 minutes. Hacher grossièrement le foie et le gésier. Faire fondre 2 cuil. à soupe de beurre dans une petite casserole à feu modéré. Ajouter le foie et le gésier hachés. Cuire et brasser jusqu'à ce que la viande soit brune, 2 à 3 minutes. Verser à la cuillère dans un petit bol de grosseur moyenne. Mettre de côté. Faire fondre le reste dans un poêlon. Ajouter l'oignon. Cuire et brasser jusqu'à ce que l'oignon soit tendre, 1 minute environ. Déposer à la cuillère dans le mélange de foies cuits. Ajouter dans le mélange de farce le concentré de jus d'orange, la pomme, les raisins et les pécans. Dans un petit bol, battre légèrement 1 œuf. Incorporer le mélange d'herbes. Farcir chaque volaille avec la moitié du mélange. Trousser les bouts des ailes sous le dos des poules. Attacher les cuisses ensemble avec de la ficelle. Rabattre la peau du cou par-dessus pour la séparer de la chair et de l'ouverture du cou. Placer la grille dans le wok. Verser de l'eau dans le wok jusqu'à 2,5 cm sous la grille. Amener l'eau à ébullition légère à feu modéré. Placer les poulets farcis sur la grille, les poitrines vers le haut. Couvrir le wok, cuire à la vapeur 30 minutes. Préchauffer le four à 375°F (190°C). Battre l'œuf qui reste dans un petit bol. Ajouter la sauce au soja, la farine et l'eau jusqu'à consistance lisse. Étendre avec un pinceau le mélange aux œufs sur l'entière surface de chaque poulet. Cuire 15 minutes ou jusqu'à l'obtention d'un brun doré.   2 à 4 portions

Foies de Poulet Sonoma

La méthode de cuisson est traditionnellement chinoise, mais les résultats sont ensoleillés comme la Californie.

6 portions

450 g de foies de poulet préparés
¼ tasse de sauce au soja
¼ tasse de sherry sec
1 cuil. à café de sucre brun
1 boîte de 425 g de morceaux d'ananas
1 oignon moyen
1 kohlrabi moyen
⅓ tasse de fécule de maïs
De l'huile à friture

1 cuil. à soupe d'huile
¼ tasse de bouillon de poulet ou
  de bouillon de légumes
1 cuil. à soupe de sauce au soja
1 cuil. à café de sucre brun
¼ tasse de châtaignes d'eau hachées
1 cuil. à soupe de fécule de maïs
3 cuil. à soupe d'eau
3 tasses de riz cuit chaud

Placer les foies dans un plat carré de 20 cm allant au four. Mélanger ¼ tasse de sauce au soja, le sherry, 1 cuil. à café de sucre brun, verser sur les foies, brasser de temps en temps, laisser reposer à la température de la pièce, 30 minutes. Égoutter les ananas, conserver le jus. Mettre de côté. Couper l'oignon en tranches minces verticales. Séparer en lamelles, mettre de côté, peler et trancher mince le Kohlrabi. Couper en julienne et mettre de côté. Égoutter la marinade des foies dans un petit bol. Mettre de côté. Rouler les foies marinés dans ⅓ de tasse de fécule de maïs. Secouer pour enlever l'excès de fécule. Verser 4 cm d'huile dans le wok. Faire chauffer l'huile à 350°F (175°C). Frire les foies de poulets dans l'huile chaude, quelques-uns à la fois, jusqu'à ce qu'ils soient légèrement dorés. Égoutter sur du papier absorbant. Retirer l'huile du wok. Essuyer le wok avec du papier absorbant. Faire chauffer 1 cuil. à soupe d'huile dans le wok à feu moyen. Ajouter les lamelles d'oignon et de kohlrabi. Sauter et remuer, 1 minute. Laisser refroidir le wok légèrement. À la marinade précédemment conservée, ajouter le jus d'ananas, le bouillon, 1 cuil. à soupe de sauce au soja et 1 cuil. à café de sucre brun. Verser dans le mélange d'oignon dans le wok. Amener à ébullition légère à feu moyen. Ajouter les morceaux d'ananas, les châtaignes d'eau et les foies de poulet. Mélanger 1 cuil. à soupe de fécule de maïs et l'eau. Verser et brasser dans le mélange de foies jusqu'à l'obtention d'une sauce épaisse. Servir sur du riz.

Poulet Chinois aux Légumes

L'Est et l'Ouest se rencontrent dans cette savoureuse recette.

1 poulet de 1 kg à 1,5 kg découpé
3 cuil. à soupe de sauce hoisin ou
   de sauce au soja
2 cuil. à soupe de sherry sec
1 cuil. à soupe de sucre
1 cuil. à café de gingembre moulu
Huile à friture
⅓ tasse de fécule de maïs
1 piment vert, coupé en
   carrés de 2,5 cm

2 branches de céleri, coupées
   en tranches diagonales
1 tasse de fleurs de brocoli
¼ tasse de bouillon de poulet ou
   de bouillon de légumes
2 cuil. à café de fécule de maïs
2 petites tomates
   chacune divisée en 6 quartiers
2 à 3 tasses de riz cuit chaud ou
   de nouilles

Placer les morceaux de poulet dans un plat allant au four de 30 × 20 cm. Avec un petit couteau pointu, piquer chaque morceau plusieurs fois. Mélanger la sauce hoisin ou la sauce au soja, le sherry, le sucre et le gingembre. Verser sur le poulet. Laisser reposer à la température de la pièce, une heure. Retourner de temps en temps. Installer la grille dans le wok. Verser de l'eau dans le wok jusqu'à 2,5 cm sous la grille. Amener l'eau à ébullition légère, à feu moyen. Placer le plat sur la grille. Couvrir le wok. Cuire à la vapeur 30 minutes ou jusqu'à ce que le poulet soit ferme mais tendre. Retirer le plat du wok ; mettre de côté. Essuyer le wok avec du papier absorbant. Verser 4 cm d'huile à friture dans le wok. Faire chauffer l'huile à 350°F (175°C). Égoutter les morceaux de poulet mariné dans ⅓ tasse de fécule de maïs. Frire dans l'huile chaude quelques morceaux à la fois, jusqu'à ce qu'ils soient dorés de tous les côtés. Égoutter sur du papier absorbant. Retirer l'huile du wok, à l'exception d'une cuil. à soupe. Faire chauffer cette huile jusqu'à ce qu'elle soit fumante. Ajouter le piment vert, le céleri et le brocoli. Sauter 1 minute. Verser le bouillon dans le wok. Couvrir le wok, faire cuire à feu doux, 30 secondes. Retourner le poulet dans le wok. Incorporer 2 cuil. à soupe de fécule de maïs dans la marinade précédemment conservée. Verser le tout sur le poulet et les légumes. Ajouter les quartiers de tomates. Brasser doucement jusqu'à ce que la sauce épaississe.   Servir sur du riz ou des nouilles.   4 à 6 portions

Foies de Poulet Sautés

Une façon splendide de servir les foies de poulet qui sont si peu coûteux.

4 portions

2 grosses tomates mûres
2 cuil. à soupe d'huile d'arachide ou d'huile végétale
1 gousse d'ail écrasée
1 cube de 2,5 cm de racine de gingembre broyée
1 cuil. à café d'huile de sésame
450 g de foies de poulet préparés

2 piments verts, coupés en lamelles de ½ cm
¼ tasse de sherry sec
2 cuil. à soupe de sauce au soja
3 tasses de riz cuit chaud ou 1 paquet de 225 g de vermicelles cuits
2 oignons verts avec les queues en tranches minces

Couper les tomates en deux. Retirer les graines et le jus. Couper les tomates en lamelles de ½ cm. Mettre de côté. Chauffer l'huile d'arachide ou végétale dans le wok à feu doux. Ajouter l'ail et le gingembre. Cuire jusqu'à obtention d'une couleur brune, environ 1 minute. Retirer l'ail et le gingembre. Ajouter l'huile de sésame. Augmenter à feu vif. Lorsque l'huile est chaude, ajouter les foies de poulets. Sauter jusqu'à ce qu'ils soient légèrement brunis, 1½ à 2 minutes. Égoutter sur du papier absorbant. Sauter le piment vert jusqu'à ce qu'il soit croustillant et tendre, environ 2 minutes. Ajouter les foies de poulets, les tomates et le sherry. Sauter 30 secondes de plus. Arroser de sauce au soja. Verser sur le riz ou les vermicelles. Parsemer d'oignons verts.

Foies de Poulet à la Créole

Un classique de la cuisine créole avec un parfait mélange d'assaisonnements

4 portions

450 g de foies de poulet préparés
⅓ tasse de fécule de maïs
Huile à friture
1 gros oignon rouge haché
1 paquet 300 g de petits pois verts dégelés
4 branches de céleri en tranches minces

1 boîte de 450 g de tomates pelées
1 cuil. à café de piment rouge fort, concassé
½ cuil. à café de romarin
1 cuil. à café de fécule de maïs
2 cuil. à soupe d'eau
3 tasses de riz cuit chaud

Tapoter les foies pour les sécher avec du papier absorbant. Rouler les foies dans ⅓ tasse de fécule de maïs. Secouer pour enlever l'excès de fécule. Verser 4 cm d'huile à friture dans le wok. Faire chauffer l'huile à 350°F (175°C). Frire la moitié des foies jusqu'à ce qu'ils soient dorés de tous les côtés. Égoutter sur du papier absorbant. Retirer l'huile du wok à l'exception de 2 cuil. à soupe. Placer le wok à feu vif. Ajouter l'oignon, les petits pois et le céleri. Sauter 1 minute. Ajouter les tomates avec le jus. Avec une cuillère en bois, séparer les tomates en morceaux. Ajouter le piment rouge et le romarin. Amener à ébullition. Réduire à feu doux. Couvrir le wok, laisser cuire à feu doux, 5 minutes. Mélanger 1 cuil. à café de fécule de maïs et l'eau. Brasser dans le mélange de tomate jusqu'à ce que la sauce épaississe. Ajouter les foies cuits. Brasser jusqu'à ce que le tout soit chaud. Servir sur du riz.

Le Porc, l'Agneau et le Veau

La viande cuite au wok est tendre, car elle cuit très rapidement. Une cuisson prolongée fait durcir la viande. Le bœuf, le veau et l'agneau peuvent être mangés saignants, mais le porc doit être parfaitement cuit. Cela ne prend pas longtemps dans un wok. Dans les recettes qui suivent, le porc est sauté, puis mijoté doucement jusqu'à parfaite cuisson.

En sautant une viande à feu vif, on la saisit, scellant ses jus naturels à l'intérieur. Avant de faire saisir n'importe quelle viande, l'essuyer et l'enrober de farine ou de fécule de maïs. Éviter d'entasser la viande dans le poêlon. Une grosse quantité cuisant en même temps refroidit le wok, amenant la viande à prendre une couleur grisâtre et à perdre son humidité. Pour faire sauter du porc, faire chauffer une petite quantité d'huile dans le wok, pour ajouter quelques lamelles de porc à la fois. Il faut qu'elles soient saisies d'un côté jusqu'à ce que les jus remontent à la surface, puis retournées rapidement pour répéter l'opération de l'autre côté.

Si vous êtes aventureux, laissez votre imagination vous entraîner en Afrique du Nord, là où on ajoute des céréales à la viande pour pouvoir nourrir une plus grande population. Le Couscous à l'Agneau et aux Abricots est une recette simplifiée d'un plat Nord-Africain. Le couscous peut être cuit en une simple bouillie ou utilisé pour épaissir des ragoûts ou des soupes à la viande. Sucré et mélangé à des fruits, il devient un dessert délicieux.

Si vous avez envie d'apprêter un repas facile à préparer, tout en étant audacieux, essayez le Kefta aux Lentilles. C'est une recette classique de boulettes d'agneau, en provenance du Moyen Orient et qui contient des lentilles tendres, des pommes de terre à la vapeur, du céleri et des zucchini sautés. Si vous ne trouvez pas d'agneau haché, utilisez de la viande de bœuf maigre hachée à la place. Tous les ingrédients sont mélangés directement dans le wok et mijotent dans un riche mélange de tomates. Cette recette peut servir six personnes ou plus.

Sauté d'Alsace-Lorraine

Le gin s'évapore, laissant la saveur traditionnelle des baies de genièvre.

2 ou 3 côtelettes de porc fumé, 225 g	**2 pommes pelées et hachées**
3 cuil. à soupe d'huile	**1 cuil. à soupe de sucre brun**
¼ tasse de bouillon de légumes ou d'eau	**½ cuil. à café de moutarde sèche**
1 boîte de 500 g de choucroute	**½ tasse de bouillon de légumes ou d'eau**
1 oignon moyen haché	**½ tasse de gin**
8 saucisses de Francfort coupées diagonalement en tranches de 1,5 cm	**½ cuil. à café de poivre noir, grossièrement moulu**
	½ cuil. à café de clou de girofle moulu

Retirer les os et le gras des côtelettes de porc. Couper la viande en lamelles de ½ cm. Faire chauffer 1 cuil. à soupe d'huile dans le wok à feu vif. Ajouter les lamelles de porc ; sauter 1 minute. Réduire à feu doux. Verser ¼ tasse de bouillon ou d'eau. Couvrir le wok ; faire mijoter jusqu'à ce que le liquide soit évaporé, environ 10 minutes. Pendant que le porc cuit, verser la choucroute dans une passoire. Retirer la saumure sous l'eau froide, en la remuant légèrement à la main. Bien égoutter. Sécher avec un papier absorbant ; mettre de côté. À la cuillère, déposer les lamelles de porc dans un bol moyen ; mettre de côté. Essuyer le wok avec du papier absorbant. Faire chauffer dans le wok à feu vif les 2 cuil. à soupe d'huile qui restent. Ajouter l'oignon et les pommes. Sauter 1 minute. Ajouter les saucisses et les lamelles de porc cuit. Sauter 30 secondes. Ajouter la choucroute rincée, le sucre brun et la moutarde sèche. Avec 2 fourchettes, soulever et retourner pour bien répartir. Incorporer les ingrédients qui restent. Réduire à feu doux. Couvrir le wok, 15 minutes. Retirer le couvercle ; augmenter à feu vif. Sauter jusqu'à ce que le liquide se soit évaporé de 2 à 3 minutes.   4 portions

Boulettes de viande Antillaises

Des boulettes de viande épicées qui s'adapte tout aussi bien en délicieux hors-d'œuvre.

450 g de porc haché maigre	**1 cuil. à soupe d'huile**
¾ tasse de châtaignes d'eau émincées	**1 piment vert, coupé en carrés de 2,5 cm**
½ tasse d'oignons verts émincés	**½ tasse d'eau**
1 cube de 2,5 cm de racine de gingembre émincée	**½ tasse de jus d'orange**
1 cuil. à café de sauce au soja	**½ tasse de sauce chili**
1 œuf légèrement battu	**1 cuil. à soupe de sauce au soja**
⅓ tasse de fécule de maïs	**2 cuil. à soupe de miel**
Huile à friture	**3 tasses de riz cuit chaud**

Dans un grand bol, mélanger le porc, les châtaignes d'eau, les oignons verts, le gingembre, 1 cuil. à café de sauce au soja et l'œuf. Façonner en boulettes de 2,5 cm de diamètre. Rouler les boulettes dans la fécule de maïs. Verser 4 cm d'huile à friture dans le wok. Faire chauffer l'huile à 350°F (175°C). Ajouter les boulettes de viande, quelques unes à la fois. Cuire jusqu'à ce qu'elles soient dorées de tous les côtés, de 3 à 4 minutes. Égoutter sur du papier absorbant. Retirer l'huile du wok et l'essuyer avec du papier absorbant. Faire chauffer 1 cuil. à soupe d'huile dans le wok à feu vif. Ajouter le piment vert. Sauter environ 1 minute. Réduire à feu doux. Ajouter les boulettes de viande et l'eau. Couvrir le wok. Faire mijoter 20 minutes. Les boulettes doivent être cuites jusqu'au centre. Dans un petit bol, mélanger le jus d'orange, la sauce chili, 1 cuil. à soupe de sauce au soja et le miel. Verser sur les boulettes de viande. Cuire 2 minutes de plus. Servir sur du riz.   4 à 6 portions

Porc et Haricots à la Mode Sicilienne

Vous vous imaginerez à Naples

4 côtes de porc de 1,5 cm d'épaisseur
Sel et poivre
¼ tasse de farine tout usage
1 cuil. à soupe d'huile
2 gousses d'ail écrasées
1 feuille de laurier
½ tasse de bouillon de poulet ou
   de bouillon de légumes
¼ tasse de vin blanc

½ cuil. à café de feuilles d'origan
   broyées
½ cuil. à café de feuilles de basilic
   broyées
½ cuil. à café de sel
¼ cuil. à café de poivre
1 boîte de 600 ml de haricots blancs
   égouttés
1 boîte de sauce tomate de 225 g
2 oignons verts, tranchés finement

Enlever les os et le gras des côtelettes de porc. Placer les côtelettes désossées entre 2 feuilles de papier ciré. Aplatir avec un rouleau à pâtisserie ou le côté d'un lourd couperet jusqu'à ½ cm d'épaisseur. Couper les côtelettes en lamelles de 1 cm. Saupoudrer de sel et de poivre. Rouler les lamelles de viande dans la farine. Secouer légèrement pour retirer l'excès de farine. Brasser de temps en temps ; chauffer l'huile, l'ail et la feuille de laurier dans le wok à feu doux jusqu'à ce qu'ils soient légèrement brunis. Retirer l'ail et la feuille de laurier. Augmenter à feu vif. Lorsque l'huile est chaude mais non fumante, ajouter les lamelles de viande. Faire sauter jusqu'à ce qu'elles soient brunies, de 3 à 4 minutes. Ajouter le bouillon, le vin, l'origan, la basilic, ½ cuil. à café de sel et ¼ cuil. à café de poivre. Couvrir le wok ; faire cuire 10 minutes à feu doux. Retirer le couvercle. Sauter jusqu'à ce que la plus grande partie du liquide se soit évaporée, de 4 à 5 minutes. Ajouter les haricots et la sauce tomate. Brasser jusqu'à ce que le tout soit chaud, de 1 à 2 minutes. Garnir avec les oignons verts.   4 portions

Porc et Légumes à la Mode du Sud

Un repas complet préparé en une seule opération au wok.

3 cuil. à soupe de sucre brun
1 cuil. à soupe de fécule de maïs
1 cuil. à café de sel
2 cuil. à soupe de vinaigre
¾ tasse de bouillon de poulet ou de
   bouillon de légumes
1 cuil. à soupe d'huile
2 côtelettes de porc, 1 cm d'épaisseur
Sel et Poivre

2 tranches d'oignon
2 tranches du centre d'une pomme
   ferme, pelée et le cœur enlevé
Environ 225 g de brocoli, coupé en
   deux dans le sens de la longueur
2 tranches de patates douces en boîte,
   1,5 cm d'épaisseur
1 cuil. à café de sel

Dans une petite casserole, cuire et brasser le sucre brun, la fécule de maïs, 1 cuil. à café de sel, le vinaigre et le bouillon, à feu modéré, jusqu'à épaississement. Mettre de côté. Faire chauffer l'huile à feu vif. Saupoudrer les côtelettes de sel et de poivre au goût. Brunir des deux côtés dans l'huile chaude. Égoutter sur du papier absorbant. Retirer l'huile du wok. Essuyer le wok avec du papier absorbant. Placer la grille dans le wok. Verser de l'eau jusqu'à 2,5 cm sous la grille dans le wok. Amener à ébullition légère à feu modéré. Placer les côtelettes dans le centre d'un plat à cuisson de 25 × 15 cm. Couronner chaque côtelette d'une tranche d'oignon et une tranche de pomme. Verser la sauce au sucre brun sur les côtelettes. Placer le plat sur la grille. Couvrir le wok. Cuire à la vapeur, 30 minutes, en arrosant les côtelettes avec la sauce au sucre brun toutes les 10 minutes. Placer le brocoli et les tranches de patate douce de chaque côté des côtelettes de porc. Saupoudrer d'une ½ cuil. à café de sel et badigeonner de sauce. Ajouter de l'eau bouillante dans le wok si nécessaire. Couvrir le wok. Cuire à la vapeur 10 minutes de plus ou jusqu'à ce que le brocoli soit tendre.   2 portions

Porc et Chutney aux Fruits

Simple et tout simplement délicieux.

4 portions

4 côtes de porc, 1 cm d'épaisseur
2 gousses d'ail, grossièrement hachées
2 cuil. à café de graines de coriandre
1 cuil. à café de sel
1 cuil. à café de sucre
2 cuil. à soupe d'huile
1 tasse de bouillon de poulet ou
    de bouillon de légumes

2 cuil. à café de concentré de tomates
Chutney aux fruits
    (voir recette ci-dessous)
2 cuil. à soupe d'eau
1 cuil. à soupe de fécule de maïs
3 tasses de riz cuit, chaud

Chutney aux Fruits :
1 cuil. à soupe d'huile
1 oignon moyen haché
1 à 2 cuil. à soupe de poudre de curry
1 boîte de 450 g de fruits mélangés
    coupés en gros morceaux

¼ tasse de raisins secs
2 cuil. à soupe d'amandes hachées
2 cuil. à soupe de jus de citron
1 cuil. à café de fécule de maïs

Retirer les os et le gras des côtes de porc. Placer les côtes entre 2 feuilles de papier ciré. Les aplatir avec un rouleau à pâtisserie ou le côté d'un lourd couperet jusqu'à ce que les côtes aient ½ cm d'épaisseur. Placer l'ail, les graines de coriandre, le sel et le sucre dans un mortier. Broyer avec le pilon afin d'obtenir une pâte. Ou placer sur une planche à découper et hacher très finement. L'ail et les graines de coriandre absorberont le sel et le sucre. Frotter le mélange d'ail des deux côtés de chaque côte. Laisser reposer 1 heure à la température de la pièce. Faire chauffer l'huile dans le wok à feu modéré. Cuire deux côtes à la fois jusqu'à ce qu'elles soient dorées, dans l'huile chaude, environ 1 minute de chaque côté. Égoutter sur du papier absorbant. Faire chauffer le bouillon et le concentré de tomate dans le wok. Placer les côtes cuites dans le mélange de bouillon. Couvrir ; faire bouillir à feu doux 10 minutes. Préparer le Chutney aux fruits. Dans un petit bol, mélanger l'eau et la fécule de maïs. Brasser le mélange de bouillon jusqu'à épaississement. À la cuillère déposer le porc et la sauce sur le riz. Servir avec le Chutney.

Chutney aux fruits :

Faire chauffer l'huile dans le wok à feu modéré. Ajouter l'oignon et sauter 1 minute. Incorporer la poudre de curry jusqu'à ce qu'elle soit odorante, de 1 à 2 minutes. Ajouter les fruits avec le jus, les raisins et les amandes. Brasser jusqu'à obtention d'un parfait mélange. Dans un petit bol, mêler le jus de citron et la fécule de maïs jusqu'à obtention d'une consistance lisse. Incorporer au mélange de fruits. Brasser jusqu'à épaississement. Refroidir avant de servir. Donne environ 1½ tasse.

Sauté de la Vallée de Napa

Semblables à des bulbes verts, les jeunes tiges de kohlrabi ont le goût tendre et sucré du navet.

2 grosses oranges
De l'eau
4 côtes de porc désossées, sans le gras
½ cuil. à café de sel
¼ cuil. à café de poivre
¼ tasse de farine tout usage
½ tasse d'huile
1 cuil. à soupe d'huile
1 gros oignon haché

1 petit Kohlrabi en tranches minces, si désiré
½ tasse de bouillon de poulet ou de bouillon de légumes
2 cuil. à café de fécule de maïs
2 cuil. à soupe de miel
½ cuil. à café d'extrait d'orange
¼ tasse de persil frais émincé
3 tasses de riz cuit chaud

Enlever une mince épaisseur de pelure d'orange. Couper cette pelure en fines bandes. Dans une petite casserole, recouvrir la pelure d'orange d'eau. Amener à ébullition à feu moyen. Faire bouillir 15 minutes. Égoutter et mettre de côté. Couper la pelure qui reste et la peau blanche des deux oranges. Couper les oranges en tranches de 1,5 cm. Couper les tranches en deux, mettre de côté. Placer chaque côte de porc entre 2 feuilles de papier ciré. Les aplatir avec un rouleau à pâtisserie ou le côté d'un lourd couperet jusqu'à 1 cm d'épaisseur. Couper les côtes en lamelles de 5 cm de large. Saupoudrer de sel et de poivre. Frotter de farine chaque lamelle. Secouer pour enlever l'excès de farine. Faire chauffer ½ tasse d'huile dans le wok à feu moyen. Ajouter les lamelles de viande. Sauter jusqu'à l'obtention d'un brun doré, de 3 à 4 minutes. Mettre de côté. Retirer l'huile du wok. Essuyer le wok avec du papier absorbant. Faire chauffer 1 cuil. à soupe d'huile dans le wok à feu modérément vif. Ajouter l'oignon et le kohlrabi si désiré. Sauter et remuer 1 minute. Mélanger le bouillon, la fécule de maïs, le miel et l'extrait d'orange. Verser sur le mélange d'oignon. Ajouter la viande. Couvrir le wok, faire cuire à feu doux, de 2 à 3 minutes. Ajouter les tranches d'oranges et le persil. Servir immédiatement sur du riz. 4 portions

Porc LoMein à la Mode Szechuan

L'huile de sésame et le piment rouge broyé donnent à ce plat une saveur toute particulière.

2 cuil. à café d'huile de sésame
100 g de nouilles orientales ou 120 g de vermicelle cuit
400 g de porc maigre désossé, de 2,5 cm d'épaisseur
2 cuil. à soupe d'huile d'arachide ou végétale
1 gousse d'ail émincée

½ cuil. à café de sel
¼ tasse de bouillon de poulet ou de bouillon de légumes
¼ ou ½ cuil. à café de piment rouge piquant, séché
1 cuil. à soupe de ketchup
1 cuil. à soupe de sauce au soja

Dans un bol de grosseur moyenne, verser l'huile de sésame dans les nouilles ou les vermicelles. Retourner pour faire pénétrer uniformément. Mettre de côté. Couper le porc en tranches de ½ cm. Couper les tranches en morceaux de 1,5 cm. Mettre de côté. Faire chauffer le wok à feu moyen. Ajouter l'huile végétale ou d'arachide et l'ail. Sauter et remuer jusqu'à ce que l'ail soit légèrement bruni. Retirer l'ail. Sauter les lamelles de porc dans le wok, jusqu'à ce qu'elles perdent leur couleur rosé. Ajouter le sel, le bouillon et le piment rouge. Couvrir le wok, faire frire à feu doux 5 minutes. Incorporer le ketchup et la sauce au soja. Ajouter les nouilles ou les vermicelles. Brasser jusqu'à ce que le tout soit chaud. Servir immédiatement. 4 portions

Porc Glacé au Vin

Si vous aimez les plats aigres-doux, vous adorerez celui-ci.

4 portions

450 g de porc maigre désossé,
   de 2,5 cm d'épaisseur
2 cuil. à soupe d'huile
1 gros piment vert
   coupé en carrés de 2,5 cm
2 carottes, coupées diagonalement
   en tranches minces
1 gousse d'ail émincée

1 tasse de bouillon de poulet ou
   de bouillon de légumes
¼ tasse de sucre
2 cuil. à soupe de vinaigre de cidre
⅓ tasse de vin de riz
2 cuil. à soupe de fécule de maïs
¼ tasse d'eau
Sel
3 tasses de riz chaud cuit ou de
   bulghur

Couper le porc transversalement en lamelles minces. Faire chauffer 1 cuil. à soupe d'huile dans le wok à feu modéré. Ajouter les lamelles de porc. Sauter jusqu'à ce que la viande perde sa couleur rosée, de 3 à 4 minutes. Égoutter sur du papier absorbant. Faire chauffer dans le wok la cuil. à soupe d'huile qui reste. Ajouter le piment vert, les carottes et l'ail. Sauter 2 minutes environ. Incorporer le bouillon, le sucre, le vinaigre, le vin et les lamelles de porc cuit. Couvrir le wok 10 minutes. Dans un petit bol, mélanger la fécule de maïs et l'eau. Ajouter le mélange de fécule de maïs et le sel au mélange de porc. Brasser constamment jusqu'à épaississement de la sauce, de 2 à 3 minutes. Servir sur du riz ou du bulghur.

Porc et Maïs Sautés à la Monterey

Vous aurez à faire ou à acheter du pain de maïs pour confectionner cette recette mexicaine.

4 à 6 portions

450 g de porc maigre désossé
2 cuil. à soupe d'huile
1 oignon moyen en tranches minces
   séparées en rondelles
1 petit piment vert, coupé en lamelles
   de ½ cm dans le sens de la longueur
2 cuil. à café de poudre de chili
¼ tasse d'eau ou de bouillon de
   légumes
225 g de sauce enchilada

1 cuil. à café de sauce Worcestershire
½ cuil. à café de sel
330 g de grains de maïs entiers
   partiellement dégelés
6 à 8 olives farcies au piment,
   tranchées
4 à 6 carrés de pain de maïs rôtis
1 tasse de fromage Monterey Jack
   émietté

Couper le porc transversalement en lamelles minces. Faire chauffer l'huile dans le wok à feu moyen. Ajouter les lamelles de porc. Sauter jusqu'à ce que le porc ait perdu sa couleur rosée, de 3 à 4 minutes. Ajouter l'oignon et le piment vert. Sauter 1 minute. Incorporer la poudre de chili, puis l'eau ou le bouillon et la sauce enchilada, la sauce Worcestershire et le sel. Couvrir le wok ; faire cuire à feu doux 10 minutes. Ajouter le maïs et les olives. Sauter jusqu'à ce que le maïs soit tendre, environ 2 minutes. Servir le mélange de porc sur les carrés de pain de maïs rôtis. Saupoudrer chaque portion de fromage.

Sauté Malaysien

Des chilis piquants adoucis de fruits tropicaux donnent à ce sauté une saveur authentique.

1 boîte de 550 g de morceaux d'ananas
2 cuil. à soupe d'huile
1 boîte de 120 g de chilis verts hachés et égouttés
1 petit oignon rouge doux, haché
1 petit piment vert, coupé en lamelles dans le sens de la longueur
120 g de champignons, en tranches minces
2 à 2½ tasses de porc cuit, froid, tranché
2 cuil. à soupe de poudre de curry

1 cuil. à café de pelure de citron émincée
2 bananes fermes et mûres, coupées en tranches de 2,5 cm
1 cuil. à café de pâte d'anchois
1 tasse de bouillon de poulet ou de bouillon de légumes
2 cuil. à soupe de fécule de maïs
70 g d'amandes tranchées
120 g de petits piments égouttés, coupés en tranches minces
Sel et poivre
4 tasses de riz cuit, chaud

Égoutter les ananas en conservant ¼ tasse de jus dans un petit bol; mettre de côté. Faire chauffer l'huile dans le wok à feu moyen. Ajouter les chilis, l'oignon, le piment vert, et les champignons. Brasser doucement jusqu'à ce que l'oignon soit tendre, 2 à 3 minutes. Ajouter le porc et sauter de 1 à 2 minutes. Incorporer la poudre de curry et la pelure de citron. Ajouter les ananas égouttés, les bananes, la pâte d'anchois et le bouillon. Amener à ébullition en remuant doucement. Mélanger la fécule de maïs et ¼ tasse de jus d'ananas précédemment conservé. Ajouter au mélange de porc, brasser jusqu'à épaississement. Ajouter les amandes, les petits piments, le sel et le poivre. Servir sur du riz. 6 portions

Orzo et Saucisses Frites Sautés

L'orzo est une pâte dont la consistance rappelle celle du riz.

1 cuil. à café d'huile
2 tasses d'orzo cuit
450 g de saucisses italiennes piquantes
De l'eau
1 cuil. à soupe d'huile
1 petit piment vert, coupé en lamelles étroites

1 petit oignon rouge doux, haché
1 cuil. à café d'épices à l'italienne
½ cuil. à café de sel
1 boîte de 450 g de tomates
Parmesan râpé

Incorporer 1 cuil. à café d'huile à l'orzo et mettre de côté. Placer les saucisses dans une casserole moyenne. Les piquer de tous les côtés avec un petit couteau. Ajouter de l'eau jusqu'à 1,5 cm au-dessus des saucisses. Amener à ébullition à feu modéré. Faire cuire à feu doux 15 minutes; égoutter. Refroidir légèrement. Couper les saucisses en tranches de 1,5 cm. Mettre de côté. Chauffer 1 cuil. à soupe d'huile dans le wok à feu modéré. Ajouter le piment vert et l'oignon. Faire sauter 1 minute. Ajouter les tranches de saucisses. Sauter et remuer jusqu'à ce qu'elles soient légèrement brunies, de 2 à 3 minutes. Ajouter les épices à l'italienne, le sel et les tomates avec leur jus. Utiliser une cuillère en bois pour couper les tomates. Ajouter l'orzo cuit. Brasser jusqu'à ce qu'il soit chaud. Saupoudrer généreusement chaque portion de Parmesan. 6 portions

Sauté de Saucisses Italiennes

*L'assaisonnement est à l'italienne, la méthode de cuisson à l'orientale,
les résultats tout simplement magnifiques.*   4 à 6 portions

1 aubergine moyenne (environ 700 g)
2 cuil. à soupe de sel
700 g de saucisses italiennes douces
De l'eau
2 cuil. à soupe d'huile
1 gousse d'ail émincée

1 cuil. à café d'épices
   à l'italienne
2 gros piments verts
   coupés en lamelles de 1,5 cm
450 g de tomates italiennes
225 g de macaronis cuits

Préparer et peler l'aubergine, la couper en lamelles de 6 × 1 cm. Les placer dans une passoire. Saupoudrer de 2 cuil. à soupe de sel. Retourner avec 2 fourchettes pour répartir le sel uniformément. Placer 2 ou 3 assiettes lourdes sur le dessus de l'aubergine salée. La laisser égoutter une heure. Rincer à l'eau froide. La rouler dans du papier absorbant pour la sécher. Piquer la peau des saucisses de tous les côtés avec une fourchette et les placer dans une grande casserole. Couvrir avec de l'eau. Faire cuire à feu doux, 15 minutes; égoutter. Couper les saucisses en tranches de 1 cm. Faire chauffer 1 cuil. à soupe d'huile dans le wok. Ajouter les tranches de saucisses. Sauter jusqu'à ce qu'elles soient légèrement brunies. Égoutter sur du papier absorbant. Faire chauffer dans le wok la cuil. à soupe d'huile qui reste. Ajouter l'aubergine égouttée, l'ail et les épices à l'italienne. Sauter à feu moyen jusqu'à ce que l'aubergine prenne une couleur brune et soit tendre. Ajouter le piment vert; sauter 2 minutes. Ajouter les tomates, les saucisses et les macaronis. Brasser jusqu'à ce que le tout soit chaud.

Saucisses Créoles

Une délectable saveur typiquement créole

450 g de saucisses italiennes,
   douces ou piquantes
De l'eau
2 cuil. à soupe d'huile
1 oignon moyen haché
1 piment vert, coupé en carrés de
   2,5 cm
1 carotte grattée coupée
   diagonalement

½ tasse de bouillon de poulet ou
   de bouillon de légumes ou d'eau
½ cuil. à café de sel
1 cuil. à café de piment rouge
   piquant séché
Poivre noir grossièrement moulu
3 tasses de haricots rouges cuits ou
   2 boîtes (450 g) de haricots blancs
   égouttés
3 tasses de riz cuit chaud

Placer les saucisses dans une casserole de grosseur moyenne. Les piquer de tous les côtés avec un petit couteau pointu. Ajouter l'eau jusqu'à 1,5 cm au-dessus des saucisses. Amener à ébullition à feu moyen. Faire cuire 15 minutes et égoutter. Refroidir légèrement. Couper les saucisses en tranches de 1,5 cm. Faire chauffer l'huile dans le wok à feu vif. Ajouter les tranches de saucisses. Sauter jusqu'à ce qu'elles soient croustillantes et dorées. Ajouter l'oignon, le piment vert et la carotte. Sauter 2 minutes. Ajouter le bouillon ou l'eau. Amener à ébullition. Incorporer le sel, le piment rouge et le poivre noir. Couvrir le wok. Faire cuire 2 minutes ou jusqu'à ce que les légumes soient croquants et tendres. Retirer le couvercle. Brasser doucement à feu vif jusqu'à ce que la plus grande quantité du liquide se soit évaporée. Ajouter les fèves. Sauter jusqu'à ce que le tout soit chaud, 30 secondes. Servir sur du riz.   6 portions

Agneau Pilaf Sud-Africain

Délicieusement différent, agréable à regarder, facile à préparer.

1 tasse de pommes séchées	¼ tasse de farine tout usage
½ tasse de prunes dénoyautées séchées	Huile à friture
⅓ tasse d'abricots séchés hachés	1 oignon moyen, finement haché
½ tasse de raisins secs	1 cuil. à soupe de poudre de curry
½ tasse de jus d'orange	2 cuil. à soupe de vinaigre de vin rouge
1 tasse d'eau chaude	1 cuil. à soupe de sucre
450 g d'agneau haché maigre	1 cuil. à café de concentré de tomate
½ tasse de chapelure	ou de ketchup
¼ tasse de lait	Sel
1 œuf, légèrement battu	Du bulghur ou du riz cuit et chaud
1 cuil. à café de sel	1 grosse banane tranchée
½ cuil. à café de paprika	½ tasse d'arachides rôties concassées

Dans un grand bol, mélanger les pommes, les prunes, les abricots et les raisins. Ajouter le jus d'orange et l'eau. Laisser reposer à la température de la pièce 1 ou 2 heures. Dans un grand bol, mélanger l'agneau, la chapelure, le lait, l'œuf, 1 cuil. à café de sel et le paprika. Façonner en boulettes de 2,5 cm de diamètre. Rouler les boulettes de viande dans la farine. Secouer pour enlever l'excès de farine. Verser 3 cm d'huile à friture dans le wok. Faire chauffer l'huile à 350°F (175°C). Frire les boulettes de viande en petites quantités à la fois dans l'huile chaude, jusqu'à ce qu'elles soient légèrement brunies de tous les côtés, de 3 à 4 minutes. Égoutter sur du papier absorbant. Mettre de côté. Retirer l'huile du wok à l'exception de 2 cuil. à soupe. Ajouter l'oignon; sauter 1 minute. Réduire à feu doux. Incorporer la poudre de curry, jusqu'à ce qu'elle soit odorante, de 1 à 2 minutes. Ajouter les fruits trempés et 1 tasse de jus. Incorporer le vinaigre et le sucre. Ajouter les boulettes de viande. Couvrir le wok et faire cuire 20 minutes. Ajouter le concentré de tomate ou le ketchup. Brasser jusqu'à ce que le mélange épaississe, 1 à 2 minutes. Ajouter le sel. À la cuillère déposer le bulghur ou le riz sur un grand plateau. Couronner du mélange d'agneau. Garnir avec des tranches de bananes. Saupoudrer d'arachides. 6 portions ▶

Couscous à l'Agneau et aux Abricots

Une version simplifiée et délicieuse d'un plat Nord-Africain.

1 cuil. à soupe d'huile	2 cuil. à soupe de beurre
1 oignon finement haché	à la température de la pièce
450 g d'agneau maigre, finement haché	½ cuil. à café de sel
½ tasse d'abricots séchés, hachés	1 tasse de couscous (semoule de blé)
½ tasse d'amandes émincées	Du persil frais émincé
2 tasses d'eau	

Faire chauffer l'huile dans le wok à feu vif. Ajouter l'oignon, sauter et remuer 30 secondes. Ajouter l'agneau. En remuant constamment, cuire jusqu'à ce que la viande ne soit plus rose. Dégraisser la surface à mesure que le gras s'y accumule. Ajouter les abricots, les amandes, l'eau, le beurre et le sel. Amener à forte ébullition à feu vif. Incorporer graduellement le couscous. Brasser de temps en temps; bouillir jusqu'à ce que la plus grande partie du liquide se soit évaporée. Retirer le wok du feu. Couvrir et laisser attendre 10 minutes ou jusqu'à ce que tout le liquide soit absorbé. Utiliser une fourchette pour gonfler. Parsemer de persil haché. 6 portions

Kefta aux Lentilles

Un plat de boulettes de viande classique du Moyen-Orient et que l'on peut préparer facilement dans un wok.

6 portions

1 tasse de lentilles séchées
De l'eau
2 zucchini
2 pommes de terre moyennes, pelées et
coupées en cubes de ½ cm
¼ tasse d'oignons émincés, séchés
⅓ tasse d'eau ou
de bouillon de légumes
450 g d'agneau maigre haché
2 cuil. à soupe de farine tout usage
1 œuf, légèrement battu
1 cuil. à café de sel
1 cuil. à soupe de poudre de curry
2 cuil. à soupe de jus de citron

2 cuil. à soupe de yaourt nature
¼ tasse de farine tout usage
Huile à friture
1 cuil. à soupe d'huile
2 branches de céleri coupées
diagonalement en tranches de 1 cm
3 grosses tomates épépinées et
tranchées
6 oignons verts avec les queues
coupés en tranches de 1,5 cm
1 gousse d'ail émincée
3 cuil. à soupe de jus de citron
¼ tasse de persil frais émincé
Sel
Poivre grossièrement moulu

Mettre les lentilles dans une casserole moyenne. Ajouter de l'eau jusqu'à 5 cm au-dessus des lentilles. Amener à ébullition à feu vif. Réduire la chaleur à feu modéré. Faire bouillir à feu doux et à découvert, jusqu'à ce que les lentilles soient tendres (environ 45 minutes). Égoutter et mettre de côté. Couper les zucchini en tranches de 5 cm. Couper les tranches de zucchini en lamelles de ½ cm ; mettre de côté. Placer les pommes de terre dans un plat allant au four de 25 × 15 cm. Placer la grille dans le wok. Verser de l'eau dans le wok jusqu'à 2,5 cm sous la grille. Amener à ébullition légère à feu moyen. Placer le plat sur la grille. Couvrir le wok. Cuire à la vapeur jusqu'à ce que les pommes de terre soient tendres, environ 10 minutes ; mettre de côté. Retirer l'eau du wok. Essuyer avec du papier absorbant. Dans un grand bol, mélanger les oignons séchés, l'eau ou le bouillon, l'agneau, 2 cuil. à soupe de farine, l'œuf, 1 cuil. à café de sel, la poudre de curry, le jus de citron et le yaourt. Façonner le mélange d'agneau en boulettes de 2 à 3 cm de diamètre. Rouler les boulettes d'agneau dans ¼ tasse de farine. Verser 3 cm d'huile à friture dans le wok. Faire chauffer l'huile à 350°F (175°C). Frire les boulettes de viande dans l'huile chaude, quelques-unes à la fois jusqu'à ce qu'elles soient dorées de tous les côtés, 3 à 4 minutes. Égoutter sur du papier absorbant. Retirer l'huile du wok. Essuyer le wok avec du papier absorbant. Faire chauffer 1 cuil. à soupe d'huile dans le wok à feu vif. Ajouter les lamelles de zucchini et de céleri ; sauter 2 à 3 minutes. Ajouter les tomates, les oignons verts et l'ail. Sauter jusqu'à ce que les tomates commencent à laisser couler leur jus, 1 à 2 minutes. Réduire à feu doux. Couvrir le wok, laisser cuire 5 minutes. Retirer le couvercle. Incorporer le jus de citron. Ajouter les boulettes de viande, les lentilles et les pommes de terre. Brasser jusqu'à ce que le mélange soit chaud, de 1 à 2 minutes. Ajouter le persil, le sel et le poivre au goût.

Conseil

Pour les plats frits, les recettes de ce livre suggèrent de verser environ 3 cm d'huile dans le wok. Le fabricant peut conseiller plus ou moins d'huile.

Veau à la Crème de Moutarde

Un savoureux mélange de veau tendre, facile à préparer.

4 portions

**450 g d'épaule de veau maigre ou
    de poitrine de poulet**
½ cuil. à café de sel
¼ cuil. à café de poivre
¼ tasse de farine tout usage
2 cuil. à soupe d'huile
¼ tasse de sherry sec
1 cuil. à soupe de moutarde de Dijon

**½ tasse de bouillon de poulet ou
    de bouillon de légumes**
**½ tasse de crème à fouetter à la
    température de la pièce**
Sel et poivre
3 tasses de riz cuit, chaud
¼ tasse de persil frais haché

Couper la viande en lamelles très minces. Saupoudrer de ½ cuillerée à café de sel et de ¼ cuillerée à café de poivre. Frotter de farine chaque lamelle de viande. Secouer légèrement pour enlever l'excès de farine. Faire chauffer 1 cuillerée à soupe d'huile dans le wok à feu vif. Ajouter la moitié des lamelles de viande. Sauter jusqu'à ce qu'elles deviennent dorées, de 3 à 4 minutes. Égoutter sur du papier absorbant. Mettre de côté. Répéter l'opération avec la cuillerée à soupe d'huile et les lamelles de viande qui restent. Mélanger le sherry, la moutarde et le bouillon dans le wok. Faire cuire jusqu'à légère réduction, de 3 à 4 minutes. Ajouter les lamelles de viande. Faire cuire jusqu'à ce que le tout soit chaud, de 1 à 2 minutes. Retirer le wok du feu. Incorporer la crème ; saler et poivrer. Servir sur du riz. Saupoudrer de persil.

Agneau à la Sauce Hoisin

La sauce Hoisin est orientale et donne à l'agneau et aux légumes une saveur exotique.

4 portions

1 cuil. à soupe de sauce au soja
1 cuil. à soupe de sauce hoisin
1 cuil. à café de concentré de tomate
**½ tasse de bouillon de poulet ou de
    bouillon de légumes**
2 cuil. à soupe de fécule de maïs
**450 g d'agneau maigre désossé, coupé
    en cubes de 1,5 cm**
2 cuil. à soupe d'huile
½ tasse de céleri tranché mince

**½ tasse de carottes grossièrement
    râpées**
**½ tasse d'oignons verts, tranchés
    minces**
**½ tasse de lamelles de petit piment
    mexicain**
½ cuil. à café de sucre
½ cuil. à café de sel
3 tasses de riz cuit chaud

Dans un petit bol, mélanger la sauce au soja, la sauce hoisin, le concentré de tomate et le bouillon. Mettre de côté. Enduire les cubes d'agneau de fécule de maïs. Mettre de côté. Faire chauffer 1 cuillerée à soupe d'huile dans le wok à feu modéré. Ajouter le céleri, les carottes, les oignons verts et les lamelles de piment mexicain. Sauter 3 minutes. À la cuillère déposer dans un bol de grosseur moyenne. Mettre de côté. Faire chauffer dans le wok à feu vif la cuillerée à soupe d'huile qui reste. Ajouter l'agneau ; sauter 2 minutes. Ajouter le mélange de bouillon, le sucre et le sel. Ajouter les légumes cuits. Réchauffer 30 secondes, en remuant. Servir sur du riz.

Plats de Bœuf

e Bœuf Braisé aux Pois des Neiges à la Mode Japonaise et le Bœuf Marco Polo aux Nouilles sont des recettes totalement différentes. La première est un sauté de surlonge, accompagné de pois des neiges, que l'on peut qualifier de relativement dispendieux. L'autre, un bœuf haché, épicé, accompagné de nouilles est de prix abordable. Ils sont aussi délicieux l'un que l'autre. Lorsqu'une viande est apprêtée au wok, le coût à lui seul ne rend pas une recette plus savoureuse qu'une autre. C'est le mélange des ingrédients qui est le secret de la réussite d'un plat.

Si vous avez prévu d'utiliser du bœuf en tranches minces pour une recette sautée, n'achetez surtout pas la partie la plus tendre et la plus coûteuse. Le surlonge est un luxe occasionnel, mais la plate de steak et le haut ou bas de ronde sont de très bons choix, s'ils sont coupés de façon appropriée. Les viandes « sautées » doivent être tranchées très minces. Plus la viande est dure, plus elle doit être tranchée mince. Un boucher pourra facilement s'occuper de la coupe, mais vous pouvez le faire vous-même. Congelez partiellement la viande de telle sorte qu'elle soit légèrement cristallisée. Utilisez un couteau tranchant comme un rasoir, pour la couper. Si vous éprouvez des difficultés à obtenir des tranches aussi minces que vous le voudriez, aplatissez-les avec un rouleau à pâtisserie ou le côté d'un lourd couperet, jusqu'à ce qu'elles aient la minceur désirée. Ce procédé peut également attendrir la viande en brisant les fibres.

Toujours amener la viande à la température de la pièce avant de la cuire. Lorsque de la viande froide est ajoutée à de l'huile chaude, elle refroidit l'huile. Au lieu d'être immédiatement saisie, la viande commence par cuire à la vapeur. Cela occasionne la perte des jus de la viande, qui devient dure, sèche et sans goût. Ne laissez pas, par ailleurs, la viande à la température de la pièce pour une période de temps trop longue. Il suffit de 15 minutes environ pour que des biftecks ou des côtelettes se réchauffent.

Bœuf Sauté à la Deutsch

Un sauté merveilleusement riche accompagné d'une divine sauce onctueuse.

450 g de steak de plate côte
6 tasses d'eau
2 cuil. à café de sel
2 ou 3 gouttes d'huile
120 g de nouilles fines
5 cuil. à soupe d'huile
1 oignon moyen haché
225 g de champignons tranchés finement
300 g de haricots verts dégelés

½ tasse de bouillon de bœuf ou de bouillon de légumes
¼ tasse de sherry sec
¾ tasse de crème à fouetter
2 cuil. à café de fécule de maïs
2 cuil. à soupe de sherry sec ou d'eau
1 cuil. à café de paprika
Sel
Poivre grossièrement moulu

Couper le bifteck en diagonale, en lamelles de 5 cm de large. Placer une grille sur une grande plaque à cuisson. Y placer les lamelles de viande, laissant de l'espace entre les lamelles afin de permettre à l'air de circuler. Placer au congélateur jusqu'à ce que la viande soit partiellement congelée, de 30 à 60 minutes. Couper transversalement en morceaux de 1,5 cm. Amener à température de la pièce. Dans une grande casserole, verser 6 tasses d'eau. Amener à ébullition rapide. Ajouter 2 cuillerées à café de sel et 2 ou 3 gouttes d'huile. Ajouter lentement les nouilles, de façon à ce que l'eau continue de bouillir. Brasser fréquemment, cuire 3 minutes. Couvrir hermétiquement ; enlever du feu. Faire chauffer 2 cuillerées à soupe d'huile dans le wok à feu vif. Ajouter la moitié des morceaux de viande. Sauter de 1 à 2 minutes, jusqu'à ce que la viande soit légèrement brunie. Placer la viande cuite dans un bol de grosseur moyenne ; garder au chaud. Répéter avec les 2 cuillerées à soupe d'huile et les lamelles de viande qui restent. Faire chauffer dans le wok la cuillerée à soupe d'huile. Ajouter l'oignon, les champignons et les haricots verts. Sauter 1 minute. Ajouter le bouillon et le sherry. Couvrir le wok. Faire bouillir 2 minutes ou jusqu'à ce que les légumes soient tendres et croquants. Retirer le wok du feu. Incorporer la crème et le bœuf cuit. Dans un petit bol, mélanger la fécule de maïs et le sherry ou l'eau. Ajouter le paprika. Incorporer le mélange de fécule de maïs dans le wok. Brasser à feu modéré jusqu'à ce que la sauce épaississe. Y ajouter du sel et du poivre. Égoutter les nouilles, ajouter au mélange de bœuf. Retourner doucement pour répartir. Servir immédiatement.   4 portions

Bœuf et Champignons à la Sauce Hoisin

Une saveur onctueuse et riche. Extraordinairement délicieux !

450 g de surlonge ou de haut de ronde
1 cuil. à soupe de fécule de maïs
2 cuil. à soupe de sauce au soja
2 cuil. à soupe de vin de Madère demi-sec
2 cuil. à soupe d'eau

2 cuil. à café de sauce hoisin
1 cuil. à café de sucre
2 cuil. à soupe d'huile
1 oignon rouge doux moyen, haché
225 g de champignons en quartiers

Couper le bifteck en tranches de ⅓ cm d'épaisseur. Déposer dans un plat à cuisson de 30 × 20 cm. Dans un petit bol, mélanger la fécule de maïs, la sauce au soja, l'eau, le vin, la sauce hoisin et le sucre. Verser sur les lamelles de bœuf. Brasser et retourner pour enrober uniformément. Mettre de côté. Faire chauffer l'huile dans le wok à feu vif. Ajouter l'oignon et les champignons. Sauter jusqu'à ce que l'oignon et les champignons soient tendres mais légèrement fermes, de 1 à 2 minutes. Ajouter le mélange de bœuf, brasser. Sauter 2 minutes.   4 portions

Bœuf aux Légumes Lo Mein

On trouve des légumes mélangés à la chinoise congelés en sacs de 450 g.

4 portions

450 g de bœuf maigre haché
1 cuil. à soupe d'huile
½ tasse d'oignon haché
½ tasse de céleri en tranches diagonales
1 tasse de légumes mélangés à la chinoise

1½ tasse d'eau, de bouillon de bœuf ou de bouillon de légumes
130 g de nouilles avec sauce au bœuf en poudre
1 cuil. à soupe de sauce au soja

Façonner le bœuf en une boulette aplatie. Faire chauffer l'huile dans le wok à feu vif. Brunir la boulette de bœuf dans de l'huile chaude 2 minutes de chaque côté. Séparer la viande en gros morceaux. Utiliser une cuillère perforée pour déposer les morceaux de viande dans un bol de grandeur moyenne. Mettre de côté. Sauter l'oignon et le céleri dans le wok jusqu'à ce que l'oignon soit tendre. Ajouter les légumes mélangés à la chinoise; sauter 1 minute. Ajouter de l'eau ou du bouillon. Amener à grande ébullition à feu vif. Ajouter les nouilles à la sauce au bœuf. Ajouter la sauce au soja, brasser jusqu'à obtention d'un parfait mélange. Réduire à feu doux. En remuant fréquemment, faire mijoter 5 minutes. Ajouter les morceaux de viande cuite. Brasser pour répartir. Faire mijoter 1 minute de plus.

Sukiyaki à l'Américaine

En japonais, sukiyaki signifie Plat du Père

4 portions

4 oignons verts avec les queues
120 g de tofu, si désiré
1 cuil. à soupe d'huile
450 g de bifteck de ronde en tranches très minces
300 g de bouillon de bœuf concentré
1 cuil. à soupe de sauce au soja
1 piment vert coupé en lamelles de ½ cm

1 tasse de kohlrabi ou de céleri tranché finement
1 gros oignon, en tranches fines
120 g de champignons, en tranches fines
2 cuil. à soupe de fécule de maïs
¼ tasse d'eau
3 tasses de riz cuit chaud ou
225 g de nouilles fines cuites

Couper les oignons verts en tranches de 1,5 cm. Mettre de côté. Si on utilise du tofu, le couper en morceaux de 2,5 cm × 1 cm. Mettre de côté. Faire chauffer l'huile dans le wok à feu vif. Faire sauter les lamelles de viande dans l'huile chaude jusqu'à ce que la viande perde sa couleur rosée, de 2 à 3 minutes. Ajouter le bouillon, la sauce au soja, le piment vert, le kohlrabi ou le céleri, le gros oignon, les champignons et les morceaux de tofu, si désiré. Réduire à feu doux. Couvrir le wok. Brasser fréquemment; faire mijoter 10 minutes. Mélanger la fécule de maïs et l'eau. Verser dans le mélange de bifteck et brasser jusqu'à épaississement. Servir sur du riz ou des nouilles. Garnir d'oignons verts en rondelles.

Bœuf Braisé à la Mode Japonaise

Au Japon, ce mélange de bœuf et de légumes est servi sur du riz dans des bols profonds.

Un morceau carré de 4 cm de graisse de bœuf
450 g de bœuf surlonge, coupé en tranches
1 cuil. à soupe d'huile de sésame
8 oignons verts, en morceaux de 2,5 cm
225 g de pois des neiges frais ou

300 g de pois des neiges dégelés
¼ tasse de bouillon de bœuf ou de bouillon de légumes
2 cuil. à soupe de saké ou de sherry sec
2 cuil. à café de sucre
¼ tasse de sauce au soja
4 tasses de riz cuit chaud

Chauffer le wok à feu vif et le graisser en tenant le carré de graisse de bœuf avec une fourchette. Ajouter le quart des tranches de bœuf. Sauter jusqu'à ce que la viande ne soit plus rouge, de 2 à 3 minutes. Verser dans un bol de grandeur moyenne ; garder au chaud. Répéter le graissage du wok avec le carré de graisse de bœuf et le bœuf qui reste. Ajouter l'huile de sésame dans le wok. Ajouter les oignons verts et les pois des neiges. Sauter 30 secondes à feu vif. Ajouter le bouillon. Couvrir le wok et laisser mijoter 30 secondes à feu doux. Utiliser une cuillère perforée pour égoutter les légumes et les déposer dans un autre bol de grosseur moyenne. Au mélange de bouillon déjà dans le wok, ajouter le saké ou le sherry, le sucre et la sauce au soja. Brasser 30 secondes ou jusqu'à ce que le mélange soit chaud. À la cuillère, déposer le riz dans 4 bols profonds. Mettre le quart du bœuf dans chaque bol. Déposer le quart des légumes sur le riz du côté opposé du bol. Répartir le mélange de sauce au soja dans les bols. Servir immédiatement. 4 portions

Bœuf Épicé et Légumes Japonais

De gros morceaux juteux de bœuf savoureux accompagnés de légumes croquants et de nouilles dans une sauce riche.

450 g de bœuf maigre haché
¼ tasse de châtaignes d'eau finement hachées
1 cuil. à soupe de sauce au soja
1 cuil. à soupe de sauce hoisin, si désiré
2 cuil. à soupe de fécule de maïs
2 cuil. à soupe d'huile de maïs
225 g de champignons en tranches minces

450 g de légumes à la japonaise partiellement dégelés
½ tasse de bouillon de bœuf instantané ou de bouillon de légumes ou d'eau
½ cuil. à café de sucre
1 cuil. à soupe de fécule de maïs
2 cuil. à soupe de sauce au soja
Des nouilles orientales ou autres nouilles fines, cuites

Dans un grand bol, mélanger le bœuf, les châtaignes d'eau, 1 cuillerée à soupe de sauce au soja, la sauce hoisin et 2 cuillerées à café de fécule de maïs. Façonner la viande en une boulette aplatie. Faire chauffer 1 cuillerée à soupe d'huile dans le wok à feu vif. Brunir la boulette de bœuf dans l'huile chaude, 2 minutes de chaque côté. Séparer la viande en gros morceaux. Sauter 30 secondes. À la cuillère, déposer la viande dans un bol moyen. Mettre de côté. Faire chauffer la cuillerée à soupe d'huile qui reste dans le wok. Ajouter les champignons et sauter 1 minute. Ajouter les légumes japonais. Sauter 1 minute ou jusqu'à ce que les légumes soient tendres et croquants. Incorporer le bouillon, le sucre et les morceaux de bœuf cuits. Dans un petit bol, mélanger 1 cuillerée à soupe de fécule de maïs et 2 cuillerées à soupe de sauce au soja. Brasser dans le wok jusqu'à épaississement 1 à 2 minutes. Ajouter les nouilles, soulever et brasser jusqu'à ce qu'elles soient bien enduites de sauce. 4 portions

Bœuf et Tofu

Un goût fantastique et un plat faible en calories. Le tofu prend ici un délicieux goût de bœuf.

4 portions

1 tasse de bouillon instantané ou
  de bouillon de poulet ou
  de bouillon de légumes
1 cuil. à soupe de fécule de maïs
2 cuil. à soupe d'eau
1 cuil. à café de sucre brun
3 tasses de riz cuit chaud

2 oignons verts avec les queues
  tranchés
2 cuil. à soupe d'huile
225 g de bœuf maigre haché
1 gousse d'ail émincée
2 tasses de chou chinois coupé fin
225 g de tofu, coupé en cubes de 1,5 cm

Dans une petite casserole, amener le bouillon à ébullition à feu moyen. Pendant que le bouillon chauffe, mélanger la fécule de maïs et l'eau dans un petit bol. Ajouter le sucre brun. Verser dans le bouillon chaud, mettre de côté. Faire chauffer l'huile dans le wok à feu vif. Ajouter le bœuf ; sauter jusqu'à ce que la viande perde sa couleur rose. Séparer la viande en gros morceaux avec une cuillère en bois. Ajouter l'ail et le chou chinois. Sauter environ 1 minute. Réduire à feu doux. Ajouter au mélange de bouillon et brasser jusqu'à épaississement. Ajouter le tofu ; brasser doucement jusqu'à ce que le tout soit chaud, environ 1 minute. Verser le riz dans un bol de service moyen ou répartir sur 4 assiettes individuelles. À la cuillère déposer le mélange de tofu sur le riz. Garnir avec les oignons verts.

Pizzaiolo

Bifteck sauté à la mode italienne.

4 portions

450 g de steak de haut ou de bas de
  ronde, 2,5 cm d'épaisseur
2 cuil. à soupe d'huile
2 oignons moyens tranchés mince
3 piments verts, coupés en lamelles de
  ½ cm
2 grosses tomates, épépinées et
  hachées
½ cuil. à café de sel
Une pincée de poivre noir concassé

½ cuil. à café de feuilles de basilic,
  réduites en poudre
½ cuil. à café d'épices à l'italienne
¼ cuil. à café d'origan moulu
1 cuil. à café de vinaigre de vin rouge
2 cuil. à soupe d'eau
½ tasse d'olives mûres entières, sans
  noyau
3 tasses de riz cuit chaud ou
  225 g de grosses nouilles plates,
  cuites

Couper la viande en minces lamelles. Faire chauffer une cuillerée à soupe d'huile dans le wok à feu vif. Sauter les lamelles de bœuf dans l'huile chaude jusqu'à ce qu'elles brunissent entièrement. À la cuillère, déposer la viande cuite sur un plat chaud. Mettre de côté. Réduire à feu moyen. Ajouter dans le wok la cuillerée à soupe d'huile qui reste. Ajouter les oignons et les piments verts. Sauter 2 minutes. Ajouter les tomates, le sel, le poivre noir, le basilic, les épices à l'italienne et l'origan. Sauter 1 minute. Ajouter le vinaigre et l'eau. Couvrir le wok et faire cuire à feu doux, 1 minute. Ajouter la viande cuite et les olives. Sauter jusqu'à ce que la viande soit chaude, environ 1 minute. Servir sur du riz, des nouilles ou d'autres pâtes.

Ragoût Préparé après le Travail

La cuisson à la vapeur de style chinois accélère la préparation de se souper américain.

4 portions

2 pommes de terre moyennes
1 gros oignon
2 carottes moyennes
450 g de steak dans le flanc, 2,5 cm d'épais
2 cuil. à soupe d'huile
2 branches de céleri coupées en tranches de 1,5 cm

1 navet moyen, pelé et coupé en quartiers
¼ tasse de bouillon de légumes
1 tasse de pois cuits
2 cuil. à soupe de sauce à steak
1 cuil. à café de moutarde de Dijon
Sel et poivre

Placer le support dans le wok. Verser de l'eau dans le wok jusqu'à 2,5 cm sous le support. Amener à ébullition légère à feu moyen. Pendant que l'eau commence à bouillir, peler les pommes de terre. Les couper en cubes de 2,5 cm. Les placer dans un plat carré à cuisson de 20 à 25 cm. Placer l'assiette sur la grille. Installer sans serrer une sorte de tente en papier d'aluminium sur le plat. Couvrir le wok. Cuire à la vapeur, 15 minutes ou jusqu'à ce que les pommes de terre soient tendres ; mettre de côté. Retirer l'eau du wok. Essuyer avec du papier absorbant. Pendant que les pommes de terre cuisent, trancher l'oignon verticalement en tranches minces. Séparer les tranches en lamelles. Gratter la peau des carottes. Couper diagonalement les carottes en tranches de ½ cm. Mettre les légumes de côté. Couper le bifteck en lamelles de ½ cm. Faire chauffer l'huile à feu vif. Lorsque l'huile est sur le point de grésiller, y verser les lamelles de bifteck. Sauter jusqu'à disparition de la couleur rosée. Ajouter les lamelles d'oignons, les tranches de carottes, le céleri et le navet. Sauter 2 minutes. Ajouter le bouillon et amener à ébullition. Ajouter les pommes de terre et les pois. Incorporer la sauce à bifteck, la moutarde, le sel et le poivre.

Bœuf à la Sauce Moutarde

Avis aux amoureux du bifteck ! Ce plat est pour vous !

4 portions

450 g de bifteck de surlonge ou autre steak de bœuf, de 4 cm d'épaisseur
2 cuil. à soupe d'huile
6 à 8 oignons verts en julienne de 2,5 cm

¼ tasse de bouillon de bœuf ou de bouillon de légumes
2 cuil. à soupe de moutarde de Dijon
1 cuil. à soupe de jus de citron
½ cuil. à café de sel
1 cuil. à café de poivre noir concassé
3 tasses de riz cuit chaud

Couper la viande en lamelles de 2,5 × ½ cm. Faire chauffer 1 cuillerée à soupe d'huile dans le wok à feu vif. Ajouter les lamelles de bœuf. Sauter de 1 à 2 minutes. Déposer la viande cuite sur une assiette chaude. Faire chauffer dans le wok la cuillerée à soupe d'huile qui reste. Ajouter les oignons verts et sauter 1 minute. Ajouter le bouillon, la moutarde, le jus de citron, le sel et le poivre. Amener à ébullition rapide. Verser sur le bifteck. Servir sur du riz.

Steak Mirabeau et Pommes de Terre Château

Une saveur superbe et insolite ; facile et rapide à préparer dans un wok.

4 portions

450 g de steak de haut ou de bas de
  ronde, 2,5 cm d'épaisseur
12 pommes de terre nouvelles, petites
  à moyennes, pelées
1 cuil. à soupe d'huile

2 cuil. à soupe de beurre
1 boîte 60 g de filets d'anchois
  égouttés
½ tasse d'olives farcies aux piments
  tranchées

Couper la viande en lamelles le plus mince possible. Mettre de côté. Placer le support dans le wok. Verser de l'eau dans le wok jusqu'à 2,5 cm sous le support. Amener à ébullition légère à feu moyen. Placer les pommes de terre sur la grille. Couvrir le wok. Cuire les pommes de terre à la vapeur, jusqu'à ce qu'elles soient tendres à l'intérieur environ 15 minutes. Mettre de côté pour refroidir. Enlever l'eau du wok. Essuyer le wok avec du papier absorbant. Faire chauffer l'huile dans le wok à feu vif. Sauter les lamelles de bœuf dans l'huile chaude, jusqu'à ce que la viande ait perdu sa couleur rose, environ 5 minutes. Égoutter sur du papier absorbant. Couper les pommes de terre refroidies en deux et en quartiers. Réduire à feu modéré. Faire fondre le beurre dans le wok. Ajouter les pommes de terre. Brasser doucement jusqu'à ce qu'elles soient chaudes, environ 1 minute. Ajouter les lamelles de viande cuite, les anchois et les olives. Cuire et brasser doucement jusqu'à ce que la viande soit chaude, de 1 à 2 minutes.

Bœuf et Nouilles Marco Polo

Ceci vous rappellera les spaghettis à la sauce à la viande.

4 portions

Garniture : voir ci-dessous
450 g de bœuf maigre haché
1 cuil. à café d'huile de sésame
1 oignon moyen haché
⅓ tasse de ketchup
¼ tasse de sauce au soja
¼ cuil. à café de piment rouge fort,
  broyé

2 cuil. à soupe de mirin ou
  2 cuil. à soupe de saké plus
  1 cuil. à soupe de sucre
225 g de linguine pré-cuites
De l'huile de sésame, si désiré

Garniture :
120 g de champignons tranchés minces
1 tasse d'oignons verts hachés

1 tasse de germes de soja
2 tomates moyennes

Préparer la garniture ; mettre de côté. Placer le wok à feu vif. Ajouter le bœuf. Sauter jusqu'à ce que la viande perde sa couleur rosée. Renverser dans une passoire au-dessus d'un bol de grandeur moyenne pour égoutter. Retirer 1 cuillerée à soupe de jus de cuisson et verser dans le wok. Ajouter une cuillerée à café d'huile de sésame, faire chauffer jusqu'à ce qu'elle pétille. Ajouter l'oignon ; sauter à feu vif, 30 secondes.

Réduire à feu modéré. Incorporer le ketchup, la sauce au soja, le piment rouge et le mirin ou le saké et le sucre. Brasser 1 minute ou jusqu'à ce que le mélange soit chaud. Ajouter la viande égouttée, bien mélanger. À la cuillère répartir les nouilles dans 4 petits bols profonds. Couronner avec le mélange de viande. Placer la garniture dans des petits bols séparés. Verser quelques gouttes d'huile de sésame sur chaque portion, si désiré.

Garniture :

Rincer les germes de soja ; les placer dans un tamis en métal. Immerger le tamis dans un chaudron d'eau bouillante. Faire blanchir 1 minute. Rincer immédiatement à l'eau froide pour arrêter la cuisson. Mettre de côté. Avec une cuillère perforée, immerger, de la même façon, les tomates dans l'eau bouillante, 30 secondes. Les passer immédiatement sous l'eau froide pour arrêter la cuisson. Peler les tomates avec un petit couteau, les couper en deux et retirer les graines. Hacher grossièrement les tomates.

Bifteck Sauté Comme Vous l'Aimez

Choisissez la surlonge de bœuf tendre ou bifteck de ronde, moins tendre.
Employez les légumes de votre choix.

4 à 6 portions

700 g de surlonge ou de filets de bœuf maigre ou
450 g de haut ou de bas de ronde, 2,5 cm d'épaisseur
3 cuil. à soupe d'huile
3 zucchini moyens, si désiré, coupés en lamelles
2 tasses de céleri en tranches diagonales de ¼ cm d'épaisseur, si désiré

2 tasses de têtes de brocoli, si désiré
2 cuil. à soupe d'eau
½ tasse sauce moutarde, sauce Diable, sauce Hoisin à bifteck, sauce Worcestershire et citron, sauce au sherry et soja
3 tasses de riz cuit, chaud ou de nouilles ou
4 tranches épaisses de pain français

Si on utilise la surlonge ou le filet de bœuf, couper en lamelles de ½ cm et si on utilise le bifteck de ronde, le couper en tranches aussi minces que possible. Faire chauffer 1 cuillerée à soupe d'huile dans le wok à feu vif. Les lamelles de surlonge ou de filet de bœuf, doivent être disposées en une seule rangée. Les saisir rapidement des deux côtés, en retournant une fois. Placer sur une assiette chaude. Ajouter davantage d'huile dans le wok si nécessaire. Répéter avec les lamelles qui restent. Si on utilise des lamelles plus minces ou du bifteck de ronde, mettre la moitié seulement de la viande dans l'huile chaude. Sauter 30 secondes ou jusqu'à disparition de la couleur rosée. Lorsque la viande est cuite la déposer sur une assiette chaude et la mettre de côté. Répéter avec une autre cuillerée à soupe d'huile et les lamelles de viande qui restent. Faire chauffer dans le wok la cuillerée à soupe d'huile qui reste. Ajouter le ou les légumes désirés ; sauter 1 minute. Ajouter de l'eau. Couvrir le wok ; laisser mijoter 30 secondes. Retirer le couvercle et sauter jusqu'à ce que les légumes soient tendres et croquants. Ajouter la viande cuite. Incorporer la sauce désirée. Sauter jusqu'à ce que le liquide soit chaud et épais. Servir sur du riz, des nouilles ou du pain français.

Comment Préparer le Sandwich de Bœuf au Curry

1. Sauter le bœuf jusqu'à ce qu'il perde sa couleur rosée. Ajouter les ingrédients en suivant la recette.

2. Couper chaque pain pita en deux. Remplir chaque poche avec le mélange de viande.

Sandwich de Bœuf au Curry

Un sandwich chaud pour le déjeuner ou après une partie.

6 portions

**1 cuil. à soupe d'huile
1 gros oignon haché
1 gousse d'ail émincée
450 g de bœuf maigre haché
2 cuil. à café de poudre de curry
1 cuil. à café de sel
3 cuil. à soupe de sauce chili**

**1 cuil. à café de sucre
1 cuil. à café de vinaigre
1 tasse de germes de soja ou d'alfafa
½ tasse de yaourt nature, à la
   température de la pièce
6 grands pains pita réchauffés**

Faire chauffer l'huile dans le wok à feu vif. Ajouter l'oignon et l'ail. Sauter 30 secondes. Ajouter le bœuf. Sauter jusqu'à ce que la viande perde sa couleur rosée. Séparer la viande en morceaux avec une cuillère en bois. Incorporer la poudre de curry, le sel, la sauce chili, le sucre et le vinaigre. Ajouter les germes de soja ou d'alfafa. Brasser doucement jusqu'à ce que le tout soit chaud. Retirer le wok du feu pour refroidir légèrement. Incorporer le yaourt. Brasser doucement à feu doux jusqu'à ce que le yaourt soit chaud. Couper chaque pain en deux. Remplir du mélange de viande. Servir chaud.

Chili au Bœuf et au Tofu

Idéal pour les régimes amaigrissants.

4 portions

2 cuil. à soupe d'huile
1 petite gousse d'ail émincée
1 oignon blanc moyen, finement haché
1 petit piment vert, finement haché
2 à 3 cuil. à soupe de poudre de chili
½ cuil. à café de sucre
225 g de bœuf maigre haché
225 g de tofu, coupé en cubes de 1,5 cm

½ tasse de bouillon de bœuf ou
    de bouillon de légumes
1 cuil. à soupe de sauce au soja
1 cuil. à soupe de fécule de maïs
¼ tasse d'eau
2 à 3 tasses de laitue Iceberg ou
    de bok choy déchiqueté

Faire chauffer l'huile dans le wok à feu moyen. Ajouter l'ail, l'oignon, le piment vert. Sauter 30 secondes. Incorporer la poudre de chili et le sucre. Ajouter le bœuf. Sauter jusqu'à ce que la viande ne soit plus rose. Briser le bœuf avec une cuillère en bois. Ajouter le tofu, le bouillon et la sauce au soja. Réduire à feu doux. Faire mijoter 5 minutes, brasser de temps en temps. Mélanger la fécule de maïs et l'eau. Ajouter dans le mélange de bœuf et brasser jusqu'à épaississement. Servir sur la laitue ou le chou chinois.

Bœuf Sud-Américain

Plein de robustes saveurs.

4 portions

4 grosses tomates mûres
4 à 6 tasses d'eau bouillante
1 cuil. à soupe d'huile
2 oignons moyens hachés
1 gousse d'ail émincée
1 boîte de 120 g de chilis verts en dés
450 g de bœuf maigre haché
2 à 3 cuil. à soupe d'eau ou
    de bouillon de bœuf, si désiré

8 à 10 olives vertes dénoyautées,
    tranchées
1 cuil. à café de feuilles d'origan
    séchées et broyées
Sel
Poivre concassé
3 tasses de riz cuit chaud ou
    225 g de nouilles cuites
120 g de fromage américain,
    déchiqueté en morceaux

Maintenir les tomates dans l'eau bouillante durant 1 minute. Les passer rapidement sous l'eau froide afin d'arrêter la cuisson. Retirer la pelure et les graines. Hacher grossièrement les tomates et les mettre de côté. Faire chauffer l'huile dans le wok à feu moyen. Ajouter les oignons, l'ail et les chilis. Sauter 1 minute. Ajouter le bœuf. Sauter jusqu'à ce que la viande ne soit plus rose. Utiliser une cuillère de bois pour séparer la viande en morceaux. Ajouter les tomates hachées. Sauter environ 1 minute. Couvrir le wok ; faire cuire à feu doux, 5 minutes. Si le mélange semble sec, ajouter de l'eau ou du bouillon, 1 cuillerée à la fois. Incorporer les olives, l'origan, le sel et le poivre. Déposer sur le riz ou les nouilles. Saupoudrer chaque portion de ¼ de tasse de fromage. Servir immédiatement.

Bœuf et Légumes Sautés

De cuisson rapide, les vermicelles à saveur de bœuf donnent à ce sauté une double saveur.

6 portions

450 g de bœuf maigre de haut de ronde, de 2,5 cm d'épaisseur
2 cuil. à soupe de sauce au soja
2 cuil. à soupe de brandy
¹/₃ tasse de fécule de maïs
2 cuil. à soupe d'huile
120 g de champignons, tranchés minces
450 g de légumes chinois congelés

¼ tasse de bouillon de bœuf ou de bouillon de légumes ou d'eau
1 cuil. à café de fécule de maïs
2 cuil. à soupe d'eau
¼ cuil. à café de sucre
2 tasses d'eau
1 paquet de 100 g de vermicelles chinois au concentré de bœuf

Couper le bœuf en fines tranches. Les placer dans un plat à cuisson de 30 × 20 cm. Mélanger la sauce au soja et le brandy. Verser sur le bœuf. Laisser reposer 30 minutes à la température de la pièce. Égoutter ; conserver la marinade. Tapoter les tranches de viande avec du papier absorbant. Frotter de fécule de maïs les tranches de bœuf marinées. Faire chauffer 1 cuillerée à soupe d'huile dans le wok à feu vif. Ajouter les tranches de bœuf. Sauter jusqu'à obtention d'un brun léger, environ 5 minutes. Placer les tranches de viande dans un grand bol ; mettre de côté. Ajouter dans le wok la cuillerée à soupe d'huile qui reste. Ajouter les champignons ; sauter 30 secondes. Ajouter les légumes congelés. Sauter jusqu'à ce qu'ils soient recouverts d'huile. Verser le bouillon ou ¼ tasse d'eau dessus. Couvrir le wok. Faire mijoter 3 minutes ou jusqu'à ce que les légumes soient tendres et croquants. Avec une cuillère perforée, placer les légumes cuits dans un bol avec la viande. Mettre de côté. Dans un petit bol, mélanger 1 cuillerée à café de fécule de maïs et 2 cuillerées à soupe d'eau. Ajouter le sucre et 2 tasses d'eau. Verser dans le wok. Brasser le tout en amenant à ébullition à feu moyen. Ajouter lentement les nouilles, en s'assurant que l'eau continue de bouillir. Conserver le concentré de bœuf. Réduire à feu doux. Cuire et brasser 3 minutes ou jusqu'à ce que les nouilles soient tendres. Ajouter la viande cuite et les légumes. Incorporer le concentré de bœuf des nouilles. Brasser doucement jusqu'à ce que le mélange soit entièrement chaud, de 1 à 2 minutes.

Conseil

Tapoter les aliments avec du papier absorbant avant de les plonger dans l'huile bouillante.

Plats Sortant de l'Ordinaire

Quand servir des recettes qui rassemblent le poulet et les fruits de mer, ou le poulet et la viande, si ce n'est pour un repas de fête ? Et chaque fois que vous servirez l'une de ces recettes, ce sera la fête ! Chaque recette de ce chapitre est un classique international, conçu pour recevoir.

Faites figurer l'un ou l'autre sur le menu et votre réception ne pourra en aucun cas échouer. Vous en profiterez, car vous en serez la vedette. Chaque recette est facile et rapide à préparer dans votre wok, vous laissant amplement de temps pour vous occuper d'autres détails sans être bousculé.

La plupart des recettes proposées dans ce chapitre ont l'avantage de permettre de combiner les aliments, comme dans un ragoût, ce qui s'avère être une économie d'énergie. Il n'est pas nécessaire de chauffer le four. Chaque recette se prépare en peu de temps, sur la cuisinière. Le wok est plus efficace que les casseroles et les chaudrons traditionnels.

Il est amusant et facile de préparer et de servir les plats directement du wok à la table. Un wok électrique peut même être installé directement sur la table, ou un wok conventionnel peut être placé sur un réchaud portatif. On prépare alors la nourriture sur la cuisinière et on la garde au chaud dans le wok sur un réchaud à alcool ou sur une chandelle.

Traditionnellement, la paëlla est apprêtée dans une poêle à deux poignées, appelée une paëlla. Les ingrédients de la Paëlla au Wok sont traditionnels, seule la poêle diffère. Servez cette paëlla élaborée, directement de votre wok ou si vous le préférez, présentez-là dans une casserole ou sur un plat de service.

Buffet
Ailes de Poulet Farcies à la Thaïlandaise page 18
Mini-Pilons Frits page 20
Paëlla au Wok page 126
Vin rouge robuste, d'Espagne ou de Californie
Biscuits — Café.

Couscous Nord-Africain au Poulet

Un plat de réception, facile à préparer. Et tout simplement sensationnel !

¼ tasse de farine tout usage
½ cuil. à café de sel
4 cuisses de poulet
4 pilons de poulet
Huile à friture
1 cuil. à soupe d'huile
1 oignon blanc moyen haché
3 zucchini moyens pelés,
   coupés en cubes de ½ cm
1 cuil. à café de curcuma moulu

450 g de pois chiches en boîte
3 tasses d'eau
1 tasse de jus d'orange
1 cuil. à soupe de beurre
   à la température de la pièce
½ cuil. à café de sel
1 tasse de couscous
   (céréale de semoule de blé)
½ tasse de raisins secs
½ tasse d'amandes tranchées

Dans un plat à tarte, mélanger la farine et ½ cuil. à café de sel. Rouler les morceaux de poulet dans le mélange de farine. Utiliser les doigts pour faire pénétrer le mélange de farine dans les morceaux de poulet. Secouer pour enlever l'excès de farine. Verser 4 cm d'huile à friture dans le wok. Faire chauffer l'huile à (350°F) (175°C). Frire les morceaux de poulets dans l'huile chaude jusqu'à obtention d'un brun doré et jusqu'à ce que le jus s'en écoule lorsque le poulet est piqué à la fourchette, de 15 à 20 minutes. Égoutter sur du papier absorbant ; mettre de côté. Retirer l'huile du wok. Essuyer le wok avec du papier absorbant. Faire chauffer 1 cuil. à soupe d'huile à feu vif. Ajouter l'oignon et le zucchini. Sauter 1 minute. Incorporer le curcuma, les pois chiches, l'eau, le jus d'orange, le beurre et ½ cuil. à café de sel. Amener à ébullition à feu vif. Incorporer le couscous, les raisins secs et les amandes. Ajouter les morceaux de poulet. À la cuillère, étendre le mélange de couscous sur le poulet. Retirer le wok du feu. Le couvrir. Laisser reposer jusqu'à ce que l'eau ait été absorbée par le couscous, environ 10 minutes.   6 à 8 portions

Crevettes Sautées Non Décortiquées

Amusantes à déguster, se préparent presque sans travail. Chacun décortique ses crevettes.

700 g de crevettes jumbo non
   décortiquées
1 gousse d'ail écrasée
1 cube de 2,5 cm de racine
   de gingembre broyée

3 cuil. à soupe de sauce au soja
3 cuil. à soupe de sherry sec
1 cuil. à café de sucre
2 cuil. à soupe d'huile

Pour préparer les crevettes, inciser la carapace le long du dos avec un petit couteau pointu ou des cisailles de cuisine. Ne pas décortiquer. Avec la pointe du couteau, retirer la veine dorsale. Rincer les crevettes sous l'eau froide. Tapoter avec du papier absorbant, mettre de côté. Dans un grand bol, mélanger l'ail, le gingembre, la sauce au soja, le sherry et le sucre ; ajouter aux crevettes. Retourner pour recouvrir uniformément. Réfrigérer 3 ou 4 heures, en retournant dans la marinade de temps en temps. Égoutter les crevettes. Faire chauffer l'huile dans le wok à feu vif. Ajouter les crevettes. Brasser et retourner jusqu'à ce que les crevettes soient légèrement brunies. Environ 5 minutes. Servir chaudes ou froides, comme apéritif ou dans un buffet à l'orientale.   6 portions

Nouilles à l'Orientale pour Repas d'Anniversaire

En Chine les nouilles ont la réputation d'apporter chance et longue vie.

2 cuil. à soupe de beurre d'arachides
½ tasse d'eau chaude
1 cuil. à café de sucre brun
2 cuil. à soupe de fécule de maïs
3 cuil. à soupe de sauce au soja
2 cuil. à soupe de vin de riz ou
  de sherry sec
2 cuil. à café de piment rouge
  piquant, broyé
1½ tasse de bouillon de poulet ou
  de bouillon de légumes

2 cuil. à soupe d'huile
1 tasse de bok choy ou
  de laitue romaine finement ciselée
1 tasse de pois vert cuits
¾ tasse de jambon cuit, coupé en
  languettes
1 paquet de 170 g de petites crevettes
  dégelées
225 g de nouilles fines cuites
1 tasse de germes de soja
¾ tasse d'oignons verts hachés

Dans un bol de grandeur moyenne, mélanger le beurre d'arachides et l'eau chaude jusqu'à consistance crémeuse. Y ajouter le sucre brun, la fécule de maïs, la sauce au soja, le vin de riz ou le sherry, le piment rouge et le bouillon. Mettre de côté. Dans le wok, à feu vif, faire chauffer l'huile. Ajouter le bok choy ou la laitue, les pois, le jambon et les crevettes. Chauffer en remuant environ 1 minute. Incorporer les nouilles et les germes de soja. Sauter pour réchauffer. Parsemer d'oignons verts.   6 portions

Sauté de Gumbo de la Louisiane

La poudre de Filé est faite de feuilles de sassafras séchées. Cela ajoute une saveur créole authentique.   6 à 8 portions

1 cuil. à soupe d'huile
1 petit oignon haché
1 piment vert haché
1 gousse d'ail émincée
450 g de mélange de légumes gumbo
  ou okra congelé, fèves de lima
  congelées et maïs en grains entiers
  congelés (1 tasse de chaque)
¼ tasse d'eau
1 boîte de 450 g de tomates
¼ cuil. à café de thym moulu

¼ cuil. à café de basilic moulu
¼ cuil. à café d'estragon moulu
½ cuil. à café de sel
¼ cuil. à café de poivre noir
1 cuil. à soupe de concentré de tomate
225 g de petites crevettes, décortiquées
  et débarrassées de leur veines dorsales
950 ml de petites huîtres égouttées
½ tasse de jambon cuit émincé
4½ tasses de riz cuit, chaud
Poudre de Filé, si désiré

Faire chauffer l'huile dans le wok à feu vif. Ajouter l'oignon, le piment vert et l'ail. Sauter et remuer 1 minute. Ajouter les légumes congelés. Sauter et remuer jusqu'à ce qu'ils soient bien huilés. Ajouter l'eau, les tomates avec le jus, le thym, le basilic, l'estragon, le sel, le poivre noir et le concentré de tomate. Réduire la chaleur à feu doux. Couvrir le wok. Brasser de temps en temps. Faire cuire à feu doux jusqu'à ce que les légumes soient tendres et croquants, environ 15 minutes. Ajouter les crevettes, les huîtres et le jambon. Couvrir le wok. Faire cuire à feu doux, 2 minutes ou jusqu'à ce que les bords des huîtres commencent à friser et que les crevettes soient fermes et roses. Servir sur du riz. Saupoudrer chaque portion de poudre de Filé, si désiré.

Poulet Méditerranéen

Un plat très spécial pour votre prochaine réception.

1 gros citron
1 orange
12 olives grecques mûres, sans noyau
1 tasse d'eau bouillante
¼ tasse de farine tout usage
½ cuil. à café de sel
¼ cuil. à café de poivre
4 cuisses de poulet
4 pattes de poulet
½ tasse d'huile
1 cuil. à soupe d'huile

1 oignon rouge moyen, doux, haché
1 gousse d'ail émincée
¼ cuil. à café de poudre de safran, si désiré
1 cuil. à café de coriandre moulue
1½ tasse de bouillon de poulet ou de bouillon de légumes
½ cuil. à café de sel
¼ cuil. à café de poivre
2 tomates moyennes pelées et coupées en quartiers
3 tasses de riz cuit chaud

Couper 4 tranches minces du centre du citron et de l'orange. Utiliser le reste du citron et de l'orange à d'autres fins. Couper chaque tranche en 4 quartiers. Dans un petit bol, mélanger les olives, les quartiers de citron et d'orange. Ajouter l'eau bouillante. Laisser macérer 20 minutes. Égoutter. Mettre les fruits et les olives de côté. Dans un plat à tarte, mélanger la farine, ½ cuil. à café de sel et ¼ cuil. à café de poivre. Rouler les morceaux de poulet dans le mélange de farine. Utiliser les doigts pour faire pénétrer la farine dans les morceaux de poulet. Secouer pour enlever l'excès de farine. Faire chauffer ½ tasse d'huile dans le wok à feu moyen. Frire les morceaux de poulet, 3 ou 4 à la fois, jusqu'à l'obtention d'un brun doré, de 6 à 8 minutes. Égoutter le poulet sur du papier absorbant. Retirer l'huile du wok. Essuyer le wok avec du papier absorbant. Faire chauffer 1 cuil. à soupe d'huile dans le wok à feu moyen. Ajouter l'oignon et l'ail ; sauter jusqu'à ce que l'oignon soit tendre. Incorporer le safran, si désiré, puis la coriandre, le bouillon, ½ cuil. à café de sel et ¼ cuil. à café de poivre. Ajouter le poulet bruni. Réduire à feu doux. Couvrir le wok et laisser cuire à feu doux jusqu'à ce que le poulet soit tendre, environ 20 minutes. Ajouter les quartiers de citron et d'orange, les olives et les quartiers de tomates. Brasser jusqu'à bonne répartition de la chaleur. Servir avec du riz.   4 portions

Poulet Normandie

Un élégant plat de réception avec un petit goût de cidre

450 g de cuisses de poulet, sans peau, désossées
2 cuil. à soupe de gelée de pommes
¼ tasse de cidre
¼ tasse de bouillon de poulet ou de bouillon de légumes
2 cuil. à soupe d'huile

1 cuil. à soupe de sauce hoisin ou de sauce au soja
1 piment vert moyen, coupé en carrés de 2 cm
1 tasse de noix coupées en deux
2 pommes à tarte, grossièrement coupées

Couper le poulet en morceaux de 2 cm, mettre de côté. Dans une petite casserole, mélanger la gelée de pomme, le cidre, le bouillon et la sauce hoisin ou la sauce au soja. Brasser sur feu modéré jusqu'à ce que la gelée se dissolve. Mettre de côté. Faire chauffer l'huile dans le wok. Ajouter les morceaux de poulet. Sauter et remuer jusqu'à ce que la viande soit ferme, de 3 à 5 minutes. Ajouter le piment vert, les noix et les pommes. Sauter jusqu'à ce que le piment vert soit tendre et croquant, environ 2 minutes. Incorporer le mélange de gelée.   4 portions

Porc et Crevettes de Thaïlande

Un intriguant mélange de saveur, de couleurs et de textures apprêté en un minimum de temps.

6 portions

1 œuf
1 cuil. à café de sauce au soja
2 cuil. à café d'huile
3 tasses de riz cuit, froid
2 cuil. à soupe d'huile
1 gousse d'ail émincée
1 cube de 2,5 cm de racine
   de gingembre émincée
450 g de porc maigre, coupé en
   julienne
2 filets d'anchois égouttés, hachés

½ tasse de bouillon de bœuf ou
   de bouillon de légumes ou d'eau
450 g de crevettes moyennes
   décortiquées, débarrassées de leurs
   veines dorsales
½ tasse d'oignons verts en tranches
   minces
Piment rouge piquant séché
   et émietté, si désiré
1 concombre pelé, coupé en julienne
1 tomate coupée en quartiers.

Dans un petit bol, battre 1 œuf avec la sauce au soja; mettre de côté. Faire chauffer 2 cuil. à café d'huile dans le wok. Ajouter le riz. Sauter jusqu'à ce que le tout soit chaud. Ajouter le mélange d'œuf. Sauter et remuer jusqu'à ce que le riz soit recouvert du mélange d'œuf et qu'il soit sec. Verser sur un plat. Mettre de côté et garder au chaud. Faire chauffer 2 cuil. à soupe d'huile dans le wok à feu moyen. Ajouter l'ail et le gingembre. Cuire jusqu'à ce que le mélange soit légèrement bruni. Retirer l'ail et le gingembre. Augmenter à feu vif. Ajouter le porc; sauter et remuer jusqu'à ce que la viande ne soit plus rose. Ajouter les anchois, le bouillon ou l'eau. Réduire à feu doux. Couvrir le wok. Faire cuire jusqu'à ce que la majorité du liquide se soit évaporé, environ 5 minutes. Ajouter les crevettes. Sauter jusqu'à ce que les crevettes soient fermes et roses, environ 2 minutes. Incorporer les oignons verts et le piment rouge. Verser le mélange de porc à la cuillère sur le riz. Garnir de lamelles de concombre et de quartiers de tomates.

Paëlla au Wok

Cette paëlla authentique se prépare à la perfection dans un wok.

6 à 8 portions

700 à 900 g de poulet à frire, en
   morceaux
¼ tasse de farine tout usage
Huile à friture
2 cuil. à soupe d'huile
1 gros oignon haché
1 gousse d'ail émincée
1 cuil. à café de piment rouge
   piquant séché
1 boîte de 450 g de tomates italiennes
1 tasse de vin blanc sec
1 cuil. à café de feuilles d'origan
   broyées

1 cuil. à café de sel
18 petites palourdes
450 g de crevettes fraîches ou
   congelées, décortiquées et
   débarrassées de leurs veines dorsales
1 kg de pétoncles de mer, coupées en
   deux ou en quartiers
1 boîte de 180 g de cœurs d'artichauts,
   égouttés
1 tasse de pois verts cuits
½ tasse d'olives farcies au piment,
   tranchées
Du riz au safran

Essuyer les morceaux de poulet avec du papier absorbant. Les rouler dans la farine. Utiliser les doigts pour frotter la farine sur chaque morceau. Secouer l'excès de farine. Verser 4 cm d'huile à friture dans le wok. Faire chauffer l'huile à 175°C (350°F). Frire les morceaux de poulet de 15 à 20 minutes dans l'huile chaude, par petites quantités, jusqu'à ce qu'ils soient bruns de tous les côtés et que le jus en sorte lorsqu'on les pique avec une fourchette. Égoutter sur du papier absorbant. Mettre de côté. Retirer l'huile du wok. Essuyer le wok avec du papier absorbant. Faire chauffer 2 cuil. à soupe d'huile dans le wok à feu vif. Lorsque l'huile est chaude mais non fumante, ajouter l'oignon, l'ail et le piment rouge. Sauter 1 minute. Ajouter les tomates et le jus. Utiliser une cuillère en bois pour les couper en morceaux. Incorporer le vin, l'origan et le sel. Réduire à feux doux. Couvrir le wok. Faire cuire à feu doux, 10 minutes. Ajouter le poulet bruni et les palourdes. Couvrir le wok. Cuire jusqu'à ce que les palourdes s'ouvrent, environ 5 minutes. Retirer toute palourde qui n'est pas ouverte. Incorporer les crevettes, les pétoncles, les cœurs d'artichauts, les pois et les olives. Couvrir le wok. Faire cuire à feu doux 2 minutes de plus ou jusqu'à ce que les crevettes soient roses et les pétoncles opaques. Ajouter le riz au safran. Retourner pour répartir la chaleur. Servir directement du wok ou à la cuillère sur un grand plat de service.

Ragoût Portoricain

Des fruits de mer mélangés à un ragoût à la viande. Fantastique !

6 portions

225 g de saucisses épicées ou de saucisses italiennes	225 g de jambon cuit tranché en languettes
De l'eau	1 queue de homard dégelée, coupée en morceaux de 1,5 cm
2 cuil. à soupe d'huile	
1 oignon moyen haché	½ tasse de bouillon de poulet ou de bouillon de légumes
1 gousse d'ail émincée	
1 piment rouge ou vert fort, finement haché	½ cuil. à café de coriandre moulue
	3 tasses de riz cuit froid
450 g de filets de sole ou d'aiglefin coupés en lamelles de 1,5 cm	2 cuil. à soupe de persil frais émincé
1 kg de pétoncles, coupées en deux ou en quatre	1 citron ou une limette, coupé en quartiers

Placer les saucisses dans une petite casserole et les piquer de tous les côtés avec une fourchette. Ajouter de l'eau jusqu'a 1,5 cm par-dessus les saucisses. Amener l'eau à ébullition légère à feu moyen. Réduire à feu doux. Faire bouillir 15 minutes pour retirer la plus grande partie du gras. Égoutter et couper en morceaux de ½ cm. Faire chauffer l'huile dans le wok à feu vif. Ajouter les tranches de saucisses et les faire sauter jusqu'à ce qu'elles soient croustillantes, environ 5 minutes. Réduire à feu moyen. Ajouter l'oignon, l'ail et le piment vert ou rouge. Brasser de temps en temps ; cuire jusqu'à ce que l'oignon soit tendre. Ajouter le poisson, les pétoncles, le jambon et le homard. Sauter 1 minute. Incorporer le bouillon et la coriandre. Couvrir le wok ; faire cuire 2 minutes à feu doux ou jusqu'à ce que le poisson soit opaque. Ajouter le riz. Soulever délicatement et mélanger avec des fourchettes jusqu'à ce que le riz soit chaud, 30 secondes. Ajouter le persil, et retourner délicatement. Servir directement du wok ou verser dans un plat de service. Garnir avec les quartiers de citron ou de limette.

Poulet Impérial

Servir à la vraie royauté — la famille et les amis.

4 demi-poitrines de poulet
   sans peau et désossées
1 cuil. à soupe d'huile
1 gousse d'ail écrasée
1 cube de 2,5 cm de racine
   de gingembre écrasée
½ tasse de vin blanc sec
120 g de gros champignons, en
   quartiers
½ tasse de céleri en tranches fines

½ tasse de pois verts cuits
½ tasse de jambon cuit maigre, coupé
   en dés
2 cuil. à soupe de sauce au soja
½ tasse de bouillon de poulet ou
   de bouillon de légumes
2 cuil. à café de fécule de maïs
3 cuil. à soupe d'eau
1 paquet de 225 g de vermicelles cuits

Couper le poulet en morceaux de 2 cm. Mettre de côté. Verser de l'huile dans le wok froid, ajouter l'ail et le gingembre. Placer le wok à feu doux jusqu'à ce que l'ail devienne brun, de 3 à 4 minutes. Retirer l'ail et le gingembre. Augmenter à feu vif. Quand l'huile grésille, ajouter les morceaux de poulet. Sauter jusqu'à ce que le poulet devienne blanc et ferme. Réduire à feu modéré. Ajouter le vin. Brasser souvent ; faire cuire à feu doux, jusqu'à ce que le vin s'évapore. Ajouter les champignons et le céleri, sauter et remuer, 1 minute. Ajouter les pois, le jambon, la sauce au soja et le bouillon. Brasser jusqu'à ce que le mélange soit chaud, environ 3 minutes. Dans un petit bol, mélanger la fécule de maïs et l'eau. Incorporer le mélange de poulet. Cuire et brasser jusqu'à épaississement. Servir sur les vermicelles.   4 portions

Linguini Primavera

Un délicieux mélange de légumes frais, de pâtes, de jambon et de fromage.

4 à 6 portions

2 grosses tomates mûres et fermes
225 g de brocoli
2 cuil. à soupe d'huile
1 gousse d'ail écrasée
1 petit zucchini, en tranches fines
120 g de champignons, en tranches
   fines
120 g de jambon cuit émincé
2 cuil. à soupe de thym frais haché ou
   1 cuil. à café de feuilles de thym
   séchées
¼ tasse de feuilles de basilic fraîches
   hachées ou 1 cuil. à café de feuilles de
   basilic séchées et ¼ tasse de persil
   émincé

3 cuil. à soupe d'eau
2 cuil. à soupe d'origan frais ou
   1 cuil. à café de feuilles d'origan
   séchées
1 cuil. à café de piment rouge fort en
   boîte ou ½ cuil. à café de piment
   rouge piquant séché
225 g de pois frais ou
   1 tasse de pois dégelés
1 cuil. à café de sel
1 cuil. à café de sucre
1 paquet de 225 g de linguini précuites
½ tasse de parmesan râpé ou 45 g

Couper les tomates en deux. Retirer les graines et le jus. Couper les tomates en tranches étroites. Utiliser du papier absorbant pour sécher les tranches de tomates ; mettre de côté. Couper la partie de la tige de brocoli qui est dure. Séparer les têtes et mettre les tiges de côté. Faire chauffer 2 cuil. à soupe d'huile dans le wok à feu doux.

Ajouter l'ail ; sauter jusqu'à ce qu'il soit bruni. Le retirer. Augmenter la chaleur à feu vif. Quand l'huile commence à grésiller, ajouter les tiges de brocoli en lamelles, le zucchini et les champignons. Sauter 2 minutes. Ajouter le jambon, les têtes de brocoli, le thym, le basilic, le persil, l'eau, le piment rouge, les pois, le sel et le sucre. Couvrir et faire cuire à feu doux 1 minute. Retirer le couvercle, sauter jusqu'à consistance tendre et croquante, de 3 à 5 minutes. Incorporer les tranches de tomates, les linguini et le fromage. Soulever et remuer pour répartir uniformément la chaleur. Verser dans un grand bol. Servir immédiatement.

Bâtonnets de Poisson aux Légumes

Un plateau de poisson frit et de beaux légumes sautés.

4 portions

3 carottes moyennes	1 paquet de 450 g d'aiglefin dégelé
2 petits navets blancs	Sel et poivre
2 petits zucchini	¼ tasse de farine tout usage
1 cuil. à soupe d'huile	Huile à friture
2 cuil. à soupe d'eau	2 cuil. à soupe de jus de citron
1 cuil. à café de sel	1 à 2 cuil. à soupe de
½ cuil. à café de sucre	sauce Worcestershire
1 cuil. à soupe de beurre, si désiré	¼ tasse de persil frais émincé

Gratter les carottes. Les couper en diagonale en tranches de 2,5 cm, puis sur le sens de la longueur en julienne. Peler les navets et les couper en tranches fines, puis en julienne. Couper les zucchini en diagonale en tranches de 2,5 cm puis dans le sens de la longueur en tranches minces. Faire chauffer 1 cuil. à soupe d'huile dans le wok à feu vif. Ajouter les lamelles de carottes, de navet et les tranches de zucchini. Sauter 1 minute. Ajouter l'eau, 1 cuil. à café de sel et de sucre ; brasser une fois. Couvrir le wok, faire cuire à feu doux une minute. Retirer le couvercle. Sauter jusqu'à ce que le liquide se soit évaporé et que les légumes soient tendres et croquants, de 2 à 3 minutes. Ajouter le beurre, si désiré. Faire chauffer un grand plat. À la cuillère, déposer les légumes autour du bord du plateau chauffé, laissant le centre du plateau ouvert. Garder au chaud. Essuyer le wok avec du papier absorbant. Couper le poisson en lamelles de 5 cm. Saupoudrer de sel et de poivre au goût. Rouler les bandes de poisson dans la farine. Utiliser les doigts pour frotter la farine sur les bandes de poisson. Secouer pour enlever l'excès de farine. Verser 4 cm d'huile à friture dans le wok. Chauffer l'huile à 190×C (375×F). Frire les bandes de poisson dans l'huile chaude, quelques-unes à la fois, jusqu'à ce qu'elles soient croustillantes et dorées, environ 1 minute. Égoutter sur du papier absorbant. Disposer le poisson frit dans le centre du plat de légumes. Asperger de jus de citron, de sauce Worcestershire et de persil.

Bouillons et Sauces

Le bouillon de légumes, odorant, savoureux, rapide et facile à préparer, peut devenir un aliment de base dans votre cuisine, comme il l'est dans la mienne. Contrairement au bouillon en conserve ou au bouillon fait à partir de cubes, il ne contient aucun préservatif et, si vous le voulez, il peut être préparé avec peu ou sans sel. Il est généralement fait avec des légumes ou des morceaux de légumes que vous auriez jetés autrement. Vous pouvez y incorporer plus d'un ingrédient que d'un autre, ou vous pouvez tout aussi bien ne pas inclure un des ingrédients. Ne vous inquiétez pas. Utilisez ce que vous avez sous la main.

Employez ce bouillon de légumes dans la cuisson à la place d'un autre liquide. Prenez le temps d'y goûter, c'est une soupe limpide et sans calories. Il est rempli de vitamines et de minéraux. Je vous donnerai également une recette de bouillon de Bœuf Rapide. Vous povuez préparer ce savoureux bouillon en moins de 15 minutes. Le bouillon de poulet est tout aussi bon, mais requiert un temps de préparation légèrement plus long.

Les sauces qui suivent se préparent sans peine et sans difficulté. Comme tout ce qui est apprêté au wok, il est difficile d'imaginer que quelque chose d'aussi facile à préparer puisse avoir autant de goût et de saveur. Utilisez-les dans les recettes qui les requièrent mais également pour enrichir et rehausser n'importe quel plat que vous apprêtez, n'importe quel menu que vous planifiez, n'importe quel repas que vous cuisinez.

Utilisez la Sauce Faite à l'Avance pour les plats sautés, chaque fois que vous improvisez vos propres sautés. Elle remplacera avantageusement tout mélange de fécule de maïs contenant du bouillon de bœuf ou de poulet, de la sauce au soja, du vin ou du sherry.

Bouillon de Légumes

Contient peu ou pas de sel et presque pas de calories. Pourtant savoureux.

3 ou 4 branches de céleri
1 ou 2 petits oignons, non pelés
1 gousse d'ail, non pelée
3 ou 4 champignons ou l'équivalent en
   queues de champignons
1 tomate mûre
2 ou 3 branches de persil
1,5 litre d'eau

½ à 1 tasse de vin blanc sec ou
¼ ou ½ tasse de sherry sec, si désiré
Du piment rouge séché et broyé
Des feuilles de basilic ou
   basilic frais
Des feuilles de thym ou du thym frais
2 ou 3 bandes de pelure de citron
Sel et poivre, si désiré

Mélanger tous les ingrédients dans une casserole. Amener à ébullition rapide, puis faire bouillir 1 heure à feu doux. Laisser refroidir. Égoutter, conserver le bouillon. Pour obtenir un bouillon clair, doubler un tamis d'une gaze. Verser le mélange de légumes dans le tamis doublé. Appuyer légèrement avec la main pour extraire le plus de liquide possible. Verser le bouillon dans un contenant de 1 à 2 tasses, fermant hermétiquement. Le bouillon peut être conservé au réfrigérateur durant 7 jours ou 6 mois congelé.

4 tasses

Bouillon de Bœuf Rapide

Utiliser les restes obtenus en apprêtant le Bœuf Sud-Américain pour faire ce bouillon

1 cuil. à soupe d'huile
225 g de bœuf maigre haché
3 tasses de bouillon de légumes sans
   sel, voir ci-dessus

½ tasse de sherry sec
Sel, si désiré
Sauce au soja, si désiré

Faire chauffer l'huile dans une grande casserole à feu modéré. Ajouter le bœuf. Cuire et brasser jusqu'à ce que la viande ne soit plus rose. Ajouter le bouillon et le sherry. Amener à ébullition. Faire revenir à feu doux, et cuire durant 30 minutes. Si désiré, assaisonner avec du sel et de la sauce au soja. Égoutter ; conserver le bouillon. Utilisez la viande à d'autres fins. Verser le bouillon égoutté dans un contenant de 1 à 2 tasses fermant hermétiquement. Peut être conservé 7 jours au réfrigérateur et 6 mois au congélateur. Ou verser dans des bacs à glace divisés. Placer au congélateur jusqu'à congélation. Ranger les cubes de bouillon congelés dans un sac en plastique dans le congélateur.

3 tasses

Sauce Romanoff

L'ultime trempette

1 tasse de mayonnaise
1 cuil. à soupe de raifort frais râpé
   ou préparé

1 cuil. à soupe de jus de citron
½ tasse de crème sure
45 g de caviar rouge de saumon

Dans un petit bol, mélanger la mayonnaise, le jus de citron, le raifort et la crème sure. Réfrigérer jusqu'à ce que le mélange soit froid. Juste avant de servir, incorporer le caviar. Donne 1 tasse ¾.

Sauce faite à l'avance pour Plats Sautés

Utilisez cette sauce comme substitut pour des mélanges de bouillon, de sauce au soja et de vin.

½ tasse de bouillon de légumes
½ tasse de fécule de maïs
2 t. de bouillon de légumes bouillant
½ tasse de sauce au soja

½ tasse de sherry sec
3 cuil. à soupe de sucre brun
3 cuil. à soupe de vin de vinaigre de riz
  ou de vinaigre de vin blanc.

Mélanger ½ tasse de bouillon et la fécule de maïs. Mettre de côté. Dans un grand bol, mélanger 2 tasses de bouillon bouillant, la sauce au soja, le sherry, le sucre brun. Ajouter au mélange de fécule de maïs et de bouillon. Continuer à brasser jusqu'à ce que la fécule de maïs et le sucre soient dissous. Verser dans des contenants de 1 ou 2 tasses fermant hermétiquement, ou verser dans des bacs à glace divisés. Placer au congélateur jusqu'à ce que les cubes soit congelés, de 3 à 4 heures. Ranger les cubes congelés dans un sac en plastique. Cette sauce peut se conserver de 7 à 14 jours au réfrigérateur et jusqu'à 3 mois au congélateur.   Donne 3¼ tasses

Sauce au Citron pour Légumes

Une merveilleuse saveur citronnée

1 citron — 2 cuil. à soupe d'eau
1 tasse de bouillon de légumes
⅓ tasse de sucre

⅓ tasse de cidre de vinaigre
½ cuil. à café de sauce au soja
2 cuil. à café de fécule de maïs

Couper le citron en tranches minces, puis chaque tranche en quatre. Dans une petite casserole, mélanger les morceaux de citron, le bouillon, le sucre et le vinaigre. Faire cuire à feu doux durant 30 minutes. Dans un petit bol, mélanger la sauce au soja, la fécule de maïs et l'eau. Verser dans le mélange de sauce. Cuire et brasser jusqu'à ce que la sauce épaississe légèrement.   Donne 1½ tasse

Sauce Rapide au Curry pour Légumes

Cette sauce est fortement aromatisée : l'utiliser avec parcimonie.

240 ml de yaourt à l'ananas
1 cuil. à soupe de poudre de gélatine à
  saveur de citron

½ tasse de mayonnaise
2 à 3 cuil. à café de poudre de curry
½ cuil. à café de sel

Dans un petit bol, bien mélanger tous les ingrédients. Réfrigérer jusqu'à ce qu'ils refroidissent. Servir froid avec des légumes chauds ou froids, cuits à la vapeur.
                                                                      1½ tasse

Trempette Beurre et Citron

Servir avec des fruits de mer ou des légumes tendres et croquants.

½ tasse de beurre   ¼ tasse de jus de citron   2 ou 3 gouttes de sauce piquante

Dans une petite casserole, faire fondre le beurre à feu doux. Ajouter le jus de citron et la sauce piquante. Servir chaud. Donne environ ¾ tasse.

Dashi

Bouillon de base japonais. (Les ingrédients se trouvent dans les magasins spécialisés.)

Une bande de 10 à 12 cm de kelp (konbu)

Environ ¼ tasse de lamelles de bonite (en japonais Katuo Beishi) séchée
5 tasses d'eau

Dans une grande casserole, mélanger tous les ingrédients. Amener à ébullition à feu modéré. Retirer et jeter immédiatement le kelp. Ramener à feu doux. Faire cuire à feu doux, 1 à 2 minutes. Doubler une passoire avec une gaze double épaisseur ou un filtre à café. Placer la passoire sur un bol de grandeur moyenne. Verser le mélange de bouillon. Conserver le bouillon. Utiliser le Dashi immédiatement ou le verser dans des contenants de 1 ou 2 tasses fermant hermétiquement. Réfrigérer et utiliser dans les 5 jours.   4½ tasses

Bouillon de Poulet

Le blanchissement des os réduit l'écume et donne un meilleur goût.

Environ 450 g d'os de poulet couverts d'un peu de viande cuite ou crue
De l'eau froide
1 gros oignon haché
1 gousse d'ail
½ tasse de queues de champignons hachées

1 branche de céleri hachée
2 à 3 branches de persil
1 feuille de laurier
½ cuil. à café de feuilles de thym séchées
1 tasse de vin blanc ou de vermouth sec
9 à 10 tasses d'eau
Sel, si désiré

Placer les os de poulet dans une grande casserole. Ajouter l'eau froide et couvrir. Amener à ébullition à feu vif. Égoutter immédiatement. Rincer les os à l'eau froide. Bien égoutter. Nettoyer la casserole. Ajouter les os et le reste des ingrédients. Amener à ébullition à feu vif. Ramener à feu doux. Faire mijoter 2 heures. Passer le bouillon à la passoire. Retirer et jeter le mélange d'os. Réfrigérer le bouillon deux heures ou jusqu'à ce que le gras se soit figé à la surface. Retirer et jeter le gras. Verser le bouillon dans des contenants de 1 à 2 tasses, fermant hermétiquement. Ou verser le bouillon dans des bacs à glace divisés. Placer au congélateur jusqu'à ce que les cubes soient congelés. Ranger les cubes congelés dans un sac en plastique dans le congélateur. Se conserve 7 jours au réfrigérateur et jusqu'à 6 mois au congélateur.   7 tasses

Sauce Remoulade

Une sauce hautement assaisonnée, la préférée en Louisiane.

1 cuil. à soupe de raifort frais râpé ou préparé
1 cuil. à soupe de céleri haché
1 cuil. à soupe de gros cornichons aigres, hachés
1 cuil. à soupe de câpres égouttées
1 cuil. à soupe de moutarde de Dijon

1 cuil. à soupe de jus de citron
2 cuil. à soupe de ketchup
2 ou 3 gouttes de sauce au piment piquante
1 cuil. à café de sauce Worcestershire
2 tasses de mayonnaise
Poivre noir, frais moulu
Sel au goût

Dans un bol moyen, mélanger tous les ingrédients. Réfrigérer jusqu'à ce que le mélange soit froid.   2½ tasses

Crème d'Anchois Faible en Calories

Seulement 17 calories par cuillérée à soupe. Délicieuse sur les légumes.

1 tasse de fromage cottage faible en calories

3 cuil. à soupe de jus de citron

2 ou 3 filets d'anchois, égouttés et émincés

1 ou 2 gouttes de sauce piquante, si désiré

Mettre tous les ingrédients dans un mélangeur, brasser jusqu'à consistance lisse. Servir chaud ou froid.

Sauce Tartare

Le parfait complément pour le poisson ou les fruits de mer

1 jaune d'œuf cuit dur, écrasé
¼ tasse de vinaigre de cidre
1 cuil. à café de moutarde de Dijon
2 tasses de mayonnaise

1 cuil. à soupe de cornichons aigres hachés
1 cuil. à soupe de câpres égouttées
Sel

Dans un petit bol, mélanger tous les ingrédients. Réfrigérer jusqu'à ce que le mélange soit froid.   2⅓ tasses

Trempette de Crevettes des Îles Avery

Une trempette parfaite pour les croustilles de crevettes au sésame

1 tasse de ketchup
2 cuil. à soupe de raifort préparé
2 cuil. à soupe de jus de citron

1 cuil. à café de sauce Worchestershire
4 à 5 gouttes de sauce Tabasco

Bien mélanger tous les ingrédients dans un bol de grosseur moyenne. Réfrigérer 30 minutes ou jusqu'à ce que le mélange soit froid.   1¼ tasse

Trempette Indonésienne

À employer avec le Poulet indonésien cuit à deux reprises.

1 tasse de sucre brun
1 cuil. d'eau
1 tasse de sauce au soja
¼ tasse de mélasse foncée

1 cuil. à café de racine de gingembre fraîchement râpée
½ cuil. à café de coriandre moulue
½ cuil. à café de poivre noir fraîchement moulu

Mélanger le sucre et l'eau dans une casserole de 2 litres. Brasser constamment à feu moyen jusqu'à dissolution du sucre. Augmenter le feu à vif. Continuer à cuire jusqu'à l'obtention d'un sirop 95°C (200°F), environ 5 minutes. Réduire à feu doux. Ajouter les autres ingrédients. Cuire et brasser 3 minutes.

Sauce Hoisin Aigre-Douce

Excellente avec le Poulet Indonésien cuit à deux reprises.

¼ tasse de bouillon de légumes
1 boîte de jus d'ananas non sucré
  (160 g)
1 cuil. à soupe de sauce hoisin

¼ tasse de confiture d'abricots
2 cuil. à café de fécule de maïs
2 cuil. à soupe d'eau

Dans une petite casserole, mélanger le bouillon, le jus d'ananas, la sauce hoisin et la confiture. Ajouter la fécule de maïs à l'eau et brasser jusqu'à sa dissolution. Cuire en brassant à feu modéré jusqu'à épaississement. Donne environ 1¼ tasse.

Beurre à l'Ail Doux et Moelleux

Confère un léger goût d'ail aux légumes et aux casseroles.

1 cuil. à soupe d'huile d'olive ou
  d'huile végétale
3 gousses d'ail broyées

½ tasse de beurre
Sel
3 gouttes de sauce piquante, si désirée

Faire chauffer l'huile dans un petit poêlon à feu doux. Ajouter l'ail. Brasser de temps en temps ; cuire jusqu'à ce que l'ail soit tendre. Ne pas faire brunir l'ail. Retirer l'ail. Ajouter le beurre dans le poêlon. Quand le beurre est fondu, assaisonner avec le sel et la sauce piquante, si désiré. Donne ½ tasse.

Sauce Trempette Piquante

Servir cette sauce agréablement forte avec n'importe quelle sorte de viande.

½ tasse de vinaigre de cidre
1 tasse de sucre brun, bien tassé
1 tasse de ketchup

2 cuil. à soupe de fécule de maïs
½ tasse de bouillon de poulet ou
  de bouillon de légumes ou d'eau

Dans une petite casserole, amener le vinaigre et le sucre à ébullition. Réduire à feu doux ; faire cuire 5 minutes. Ajouter le ketchup. Mélanger la fécule de maïs et le bouillon ou l'eau. Ajouter le mélange de vinaigre et brasser jusqu'à épaississement, environ 2 minutes. Servir chaud ou à la température de la pièce. Donne environ 2 tasses.

Mayonnaise au Citron

Sur chaque portion de salade, de légumes ou de fruits de mer, ajouter un petit dôme de cette sauce épicée.

1 tasse de mayonnaise
2 cuil. à soupe de jus de citron

2 ou 3 gouttes de sauce piquante forte
2 ou 3 gouttes d'angostura, si désiré

Dans un petit bol, bien mélanger tous les ingrédients. Réfrigérer jusqu'à ce que le mélange soit froid. Donne environ 1 tasse.

Sauce Aigre-Douce préparée à l'avance

Peut être utilisée pour le porc sauté, le bœuf, le poulet ou les légumes.

2 tasses de bouillon de légumes
180 ml de concentré de limonade
congelé
¼ tasse de ketchup

2 cuil. à soupe de sauce au soja
¼ tasse de bouillon de légumes
3 cuil. à soupe de fécule de maïs

Dans une casserole de grandeur moyenne, mélanger 2 tasses de bouillon, le concentré de limonade, le ketchup et la sauce au soja. Amener l'eau à ébullition légère à feu moyen. Dans un petit bol, mélanger ¼ tasse de bouillon et la fécule de maïs. Ajouter le mélange de limonade et brasser jusqu'à obtention d'un léger épaississement. Verser dans des contenants de 1 ou 2 tasses fermant hermétiquement. Ou verser dans des bacs à glace divisés. Placer au congélateur, jusqu'à ce que les cubes soient congelés, de 3 à 4 heures. Ranger les cubes congelés dans un sac en plastique au congélateur. Cette sauce peut être conservée au réfrigérateur de 7 à 14 jours, et au congélateur jusqu'à 3 mois. Donne environ 3½ tasses.

Sauce Aigre-Douce

Si on utilise du jus d'ananas sucré, omettre le sucre.

¼ tasse d'eau froide
2 cuil. à soupe de fécule de maïs
1 tasse de jus d'ananas non sucré
3 cuil. à soupe de sucre

¼ tasse de vinaigre blanc
3 cuil. à soupe de ketchup
1 cuil. à soupe de sauce au soja

Mélanger l'eau et la fécule de maïs; mettre de côté. Dans une petite casserole, mélanger les ingrédients qui restent. Brasser à feu doux jusqu'à ce que le mélange soit chaud, de 3 à 5 minutes. Ajouter au mélange de fécule de maïs et brasser jusqu'à épaississement léger, environ 2 minutes. Servir chaud ou à la température de la pièce. Donne ½ tasse.

Sauce Aigre-Douce, sans Sucre

Excellente avec le porc sauté, le poulet ou les légumes

1 boîte de 530 ml de jus d'ananas
non sucré
1 boîte de 230 ml de sauce tomate
¼ tasse de vinaigre de vin de riz

3 cuil. à soupe de fécule de maïs
2 gouttes de sauce piquante
Sel

Dans une grande casserole, mélanger le jus d'ananas et la sauce tomate. Brasser doucement à feu modéré jusqu'à ce que le mélange soit chaud. Ajouter le vinaigre dans la fécule de maïs. Ajouter le mélange de jus d'ananas et brasser jusqu'à épaississement, de 2 à 3 minutes. Ajouter la sauce piquante et le sel. Donne environ 3 tasses ½.

Moutarde Chinoise

Servir cette sauce avec les boulettes chinoises à la vapeur ou les Won Tons à l'occidentale.

¼ tasse de vin blanc sec, de bière ou d'eau   **2 cuil. à soupe de moutarde sèche**

Dans une petite casserole, faire chauffer le vin, la bière ou l'eau à feu modéré. Ajouter la moutarde dans le liquide chaud. Laisser reposer 30 minutes pour refoirdir et permettre au goût de se développer. Donne environ ¼ de tasse.

Sauces pour Steak Sauté

N'importe laquelle de ces sauces sera un complément à un bifteck cuit comme vous l'aimez.

Sauce au Soja et au Sherry
1 cuil. à café de fécule de maïs
2 cuil. à soupe d'eau
2 cuil. à soupe de sauce au soja
2 cuil. à soupe de sherry sec
½ tasse de bouillon de bœuf instantané ou de bouillon de légumes

Dans un petit bol, mélanger la fécule de maïs et l'eau. Ajouter la sauce au soja, le sherry et le bouillon. Donne environ ¾ de tasse.

Sauce Worcestershire et Citron
1 cuil. à café de fécule de maïs
1 cuil. à soupe de sauce Worcestershire
1 cuil. à soupe de jus de citron
½ tasse de bouillon de bœuf instantané ou de bouillon de légumes

Dans un petit bol mélanger la fécule de maïs dans la sauce Worcestershire. Ajouter le jus de citron et le bouillon. Donne environ ¾ de tasse.

Sauce à Bifteck Hoisin
1 cuil. à café de fécule de maïs
2 cuil. à soupe d'eau
2 cuil. à café de sauce hoisin
2 cuil. à soupe de vin de riz ou de brandy
½ tasse de bouillon de bœuf instantané ou de bouillon de légumes

Dans un petit bol, mélanger la fécule de maïs et l'eau. Ajouter la sauce hoisin, le vin de riz ou le brandy et le bouillon. Donne environ ½ tasse.

Sauce Diable
450 g d'oignons verts émincés
¼ tasse de vin blanc sec
1 boîte de 200 ml de jus de bœuf brun
2 cuil. à soupe de brandy
1 cuil. à café de sauce Worcestershire
1 cuil. à café de moutarde de Dijon
1 cuil. à café de beurre
Sel et poivre

Mélanger les oignons verts et le vin dans une casserole. Faire cuire à feu doux jusqu'à ce que le liquide soit presque évaporé. Ajouter les ingrédients qui restent. Amener à légère ébullition. Donne environ 2 tasses.

Sauce Moutarde
1 cuil. à soupe de moutarde de Dijon
1 boîte de 200 ml de jus de bœuf brun
2 cuil. à soupe de beurre

Mélanger les ingrédients dans une petite casserole. À feu doux, brasser jusqu'à ce que le beurre fonde et que la sauce soit chaude. Donne environ 1 tasse.

Les Desserts

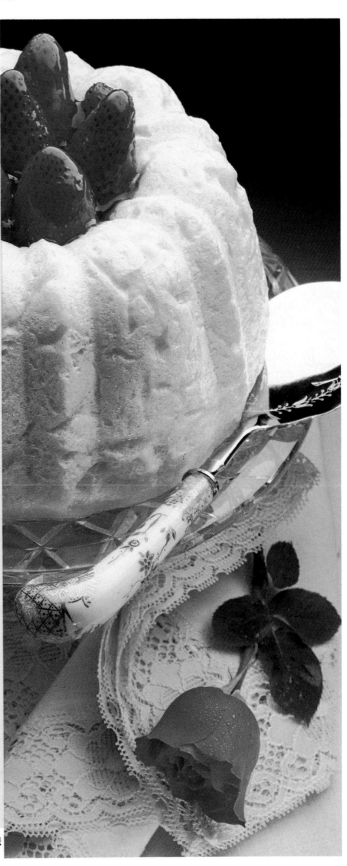

Alors que j'ai débuté ce livre en vous promettant que vous pourriez conserver ou retrouver une apparence svelte et un corps mince en cuisinant au wok, vous devez vous demander comment je peux terminer sur des desserts somptueux. Facile. La majorité de ces desserts sont plus faibles en calories que ceux que vous trouvez dans la plupart des livres de recettes conventionnels. Pourtant, ces recettes ne prétendent pas être diététiques. Loin de là. Les gens aiment les histoires qui finissent bien. Les desserts qui suivent sont exactement cela — une fin heureuse et sucrée pour presque n'importe quel repas.

Chaque recette a été conçue spécialement pour la cuisson au wok. Pourquoi allumer le four, qui consomme beaucoup d'énergie et réchauffe toute la cuisine, alors que le wok est à portée de la main ? Les desserts se doivent d'être très beaux, et ils le sont en effet. De plus, ils sont faciles à préparer et il est presque impossible de ne pas les réussir. Vous pouvez donc les apprêter avec confiance et les servir avec fierté.

Les desserts préparés au wok varient, ils peuvent être aériens ou riches et lourds. Tel un bijou, le Gâteau Meringué de Fête est plus faible en calories que le Gâteau aux fruits. C'est exactement le dessert qui plaira à tout le monde, en couronnant le traditionnel repas de dinde accompagnée de toutes ses garnitures. Les Pêches Glacées sont par ailleurs le choix parfait lorsque c'est à votre tour de recevoir les membres du club de bridge pour le dîner. Elles ne contiennent que 50 calories par portion. Ou vous pourriez servir le Gâteau aux graines de pavot, qui est particulièrement apprécié avec le café ou le thé de l'après-midi.

J'ai toujours prétendu que rien ne pourrait remplacer mon dessert préféré, le Gâteau au Fromage à la mode de Manhattan, mais permettez-moi de me rétracter : le Gâteau au Fromage et au Tofu est fabuleux et il est faible en calories. Essayez toutes ces recettes.

Vous pouvez toujours servir un dessert lorsque le repas principal a été lui-même faible en calories, qu'il soit cuit à la vapeur ou sauté.

Gâteau des Anges au Citron

Ce léger gâteau des anges au citron a un glaçage brillant comme du cristal.

1 tasse de farine à pâtisserie	**1½ cuil. à café d'extrait de citron**
¾ tasse de sucre en poudre tamisé	**¼ cuil. à café de sel**
10 blancs d'œufs	**1 tasse de sucre en poudre tamisé**
½ cuil. à café de crème de tartre	**Glaçage ci-dessous**

Glaçage Cristallisé à l'Orange :

1 tasse de sucre	**3 cuil. à soupe de jus de citron**
6 cuil. à soupe de jus d'orange	**¼ tasse de liqueur d'orange, si désiré**

Tamiser la farine et ¾ tasse de sucre en poudre. Mettre de côté. Dans un grand bol, battre les blancs d'œufs et la crème de tartre, l'extrait de citron et le sel jusqu'à formation de pics solides. Ajouter 1 tasse de sucre en poudre, 2 cuillerées à soupe à la fois, bien battre entre chaque addition. Continuer à battre à grande vitesse jusqu'à formation de pics fermes. Avec une spatule en caoutchouc, incorporer doucement le mélange de farine, ¼ tasse à la fois. À la cuillère, le verser dans un moule rond de 22 cm non graissé. Placer une grille dans le wok. Amener à ébullition légère à feu moyen. Placer le moule sur la grille. Couvrir le wok, cuire à la vapeur 30 minutes. Soulever légèrement le couvercle et ajouter rapidement de l'eau bouillante si nécessaire pour ramener le niveau de l'eau à 2,5 cm sous la grille. Replacer le couvercle. Cuire à la vapeur 30 minutes de plus ou jusqu'à ce que le centre rebondisse au toucher. Renverser le moule sur le comptoir. Faire refroidir à la température de la pièce. Pendant que le gâteau cuit à la vapeur, préparer le Glaçage cristallisé à l'orange. Mettre de côté. Utiliser une spatule en métal pour détacher le gâteau. Poser sur un plateau de service. À la cuillère, étendre le glaçage sur le gâteau. Donne 8 portions.

Glaçage Cristallisé à l'Orange :

Dans un petit bol, mélanger tous les ingrédients. Brasser de temps en temps. Laisser reposer 1 heure. Le sucre se dissoudra seulement partiellement. Donne environ 1 tasse.

 **Conseil :**

Après avoir cuit des aliments à la vapeur dans le wok, le rincer et l'essuyer avec un papier absorbant. Le placer sur un feu vif et en frotter l'intérieur avec de l'huile d'arachide ou de l'huile végétale.

Moka des Anges

Léger mais riche

¾ **tasse de farine à pâtisserie**
¾ **tasse de sucre en poudre**
¼ **tasse de poudre de cacao non sucrée**
2 **cuil. à soupe de café instantané**

Glaçage au Rhum :
2 **cuil. à soupe de beurre, fondu, chaud**

9 **gros blancs d'œufs**
1½ **cuil. à café de crème de tartre**
1 **cuil. à café d'extrait de rhum**
1 **tasse de sucre en poudre tamisé**
Glaçage au rhum, voir ci-dessous.

3 **cuil. à soupe de rhum léger**
1½ **à 2 tasses de sucre en poudre tamisé**

Tamiser la farine, ¾ tasse de sucre en poudre, la poudre de cacao et la poudre de café. Mettre de côté. Dans un grand bol, mélanger les blancs d'œufs, la crème de tartre et l'extrait de rhum. Battre avec un mélangeur électrique à vitesse moyenne jusqu'à ce que les blancs soient mousseux. Ajouter graduellement, tout en continuant de battre, 1 tasse de sucre en poudre tamisé, 2 cuillerées à la fois, en battant bien après chaque addition. Continuer de battre à grande vitesse jusqu'à formation de pics solides. Avec une spatule en caoutchouc, incorporer doucement le mélange de farine, un quart à la fois. À la cuillère déposer dans un moule rond de 22 cm ou dans un moule à charlotte de 12 tasses. Placer un support dans le wok. Verser de l'eau dans le wok jusqu'à 2,5 cm sous la grille. Amener à ébullition légère à feu moyen. Placer le moule sur la grille. Couvrir le wok, cuire à la vapeur 30 minutes. Soulever le couvercle légèrement et ajouter rapidement de l'eau bouillante, si nécessaire. Cuire à la vapeur, 30 minutes de plus ou jusqu'à ce que le centre du gâteau rebondisse au toucher. Retourner le moule sur une grille. Refroidir à la température de la pièce. Utiliser la lame d'une spatule en métal pour détacher le gâteau du moule. Retourner sur un plateau de service. Retirer. Préparer le glaçage au rhum. L'étendre à la cuillère sur le dessus du gâteau.

Glaçage au Rhum :

Dans un petit bol, battre le beurre, le rhum et le sucre en poudre, jusqu'à obtention d'une consistance lisse. Donne ¾ tasse.

Poires Belle-Hélène

Une version très facile et délicieuse d'un dessert classique français.

45 g **de chocolat à cuire semi-sucré**
6 à 8 **demi-poires en boîte, égouttées**

2 **cuil. à soupe de rhum léger**
4 **boules de glace à la vanille.**

Râper le chocolat grossièrement à l'aide d'une râpe ou d'un batteur électrique. Placer les poires, le côté coupé vers le bas, sur une seule couche, dans une assiette ronde à cuisson de 20 cm. Verser le rhum uniformément en quantité égale sur chaque poire. Placer une grille dans le wok. Verser de l'eau dans le wok jusqu'à 2,5 cm sous la grille. Amener à ébullition légère à feu moyen. Placer l'assiette sur la grille. Couvrir le wok, cuire à la vapeur 5 minutes. Saupoudrer chaque poire de chocolat râpé. Cuire à la vapeur environ 1 minute de plus, ou jusqu'à ce que le chocolat soit fondu. Mettre l'assiette sur une autre grille pour refroidir, 15 minutes. Placer les poires légèrement refroidies au réfrigérateur, jusqu'à ce que le chocolat durcisse, environ 30 minutes. Pour servir, placer une cuillerée de glace à la vanille dans chacune des 4 assiettes à dessert. Placer 2 moitiés de poire, le chocolat vers le dessus, et déposer une cuillerée de crème glacée sur le sommet. Donne 4 portions.

Gâteau Meringué Nuage-Rose

Un dessert aérien, spectaculaire et léger

1 cuil. à soupe de sucre
9 blancs d'œufs
1 cuil. à café de poudre de gélatine à saveur de fraise

½ cuil. à café d'extrait de vanille ou d'amande
1 tasse plus 2 cuil. à soupe de sucre
500 g de fraises fraîches équeuetées
2 cuil. à soupe de gelée de groseilles

Beurrer un moule à charlotte de 12 tasses. Saupoudrer avec 1 cuil. à soupe de sucre ; incliner le moule pour étendre le sucre uniformément ; mettre de côté. Dans un grand bol, battre les blancs d'œufs jusqu'à ce qu'ils soient mousseux. Saupoudrer la gélatine uniformément à la surface des blancs d'œufs battus. Ajouter la vanille ou l'extrait d'amande. Ajouter le sucre, 1 cuil. à soupe à la fois, en battant fermement après chaque addition. Continuer de battre jusqu'à ce que le mélange forme des pics solides et luisants. À la cuillère, déposer le mélange dans le moule. Utiliser une spatule pour faire disparaître les bulles d'air et pour aplanir le dessus. Placer une grille dans le wok. Verser de l'eau dans le wok jusqu'à 2,5 cm sous la grille. Amener à ébullition légère à feu moyen. Placer le moule sur la grille. Couvrir le wok et cuire à la vapeur, 30 minutes. Ajouter de l'eau bouillante dans le wok, si nécessaire. Cuire le gâteau à la vapeur 15 minutes de plus ou jusqu'à ce que le dessus soit sec au toucher. Refroidir 5 minutes sur une grille. Le gâteau tombera d'environ 2,5 cm. Renverser le gâteau sur un plat de service. Retirer le moule. Réfrigérer 1 heure environ. Pour servir, remplir le centre du gâteau de fraises. Couper les grosses fraises en deux. Dans une petite casserole, faire fondre la gelée. L'étendre sur les fruits.   8 portions

Gâteau Meringué à la Menthe

Deux de mes saveurs préférées mélangées dans un superbe gâteau de fantaisie.

1 cuil. à soupe de sucre
1¼ tasse de sucre
¼ tasse de poudre de gélatine à saveur de limette

9 blancs d'œufs
½ cuil. à café d'essence de menthe
1 paquet de 200 g de glaçage au chocolat

Beurrer un moule à charlotte de 12 tasses. Saupoudrer avec 1 cuil. à soupe de sucre ; incliner pour répartir le sucre uniformément. Mettre de côté. Dans un petit bol, mélanger 1¼ tasse de sucre et la gélatine. Mettre de côté. Dans un grand bol, battre les blancs d'œufs et l'essence de menthe au batteur électrique, jusqu'à ce que le tout soit mousseux. Ajouter le mélange de sucre, ¼ tasse à la fois en battant bien après chaque addition. Continuer de battre jusqu'à ce que le mélange forme des pics solides et brillants. Déposer à la cuillère dans le moule. Utiliser une spatule pour faire disparaître les bulles d'air et pour aplanir le dessus. Placer une grille dans le wok. Verser de l'eau dans le wok jusqu'à 2,5 cm sous la grille. Amener à ébullition légère à feu moyen. Placer le moule sur la grille. Couvrir le wok. Cuire à la vapeur 30 minutes. Ajouter de l'eau bouillante au wok, si nécessaire. Cuire le gâteau à la vapeur 15 minutes de plus ou jusqu'à ce que le dessus du gâteau soit sec au toucher. Refroidir le gâteau sur une grille. Le gâteau descendra d'environ 2,5 cm. Retourner le gâteau sur un plateau de service. Retirer le moule. Réfrigérer 1 heure ou jusqu'à ce que le gâteau soit froid. Recouvrir de glaçage au chocolat. Réfrigérer le gâteau jusqu'au moment de servir.   8 portions

Fruits Tropicaux Flambés

Une touche spectaculaire pour un repas de réception, une façon grandiose d'utiliser votre wok.

4 à 6 portions

2 oranges
1 pomme à tarte, pelée, et
  grossièrement hachée
1 poire mûre, pelée,
  grossièrement hachée
1 kiwi pelé en tranches minces
1 banane, coupée en tranches épaisses

¼ tasse de sucre
3 cuil. à soupe de rhum léger ou
  de brandy
¼ de tasse de rhum léger ou de brandy
4 à 6 boules de glace à la vanille
¼ tasse de beurre
½ tasse de sucre

Avec un petit couteau pointu, couper les oranges en quatre. Couper chaque quart en morceaux épais. En tenant chaque morceau d'orange au-dessus d'un bol de grosseur moyenne, retirer la pelure du fruit et déposer le fruit dans le bol. Jeter la pelure. Ajouter la pomme, la poire, le kiwi et la banane. Saupoudrer de ¼ tasse de sucre et de 3 cuil. à soupe de rhum ou de brandy. Laisser reposer au moins 30 minutes à la température de la pièce. Verser ¼ tasse de rhum ou de Brandy dans un petit pot. Placer le petit pot dans une casserole d'eau bouillante. Laisser reposer 5 minutes pour réchauffer. Sur une table de service, réunir tous les ingrédients. Placer chacune des boules de crème glacée dans une assiette à dessert. Faire fondre le beurre dans le wok à feu moyen. Quand le beurre commence à mousser, ajouter le mélange de fruits. Sauter jusqu'à ce que le tout soit chaud, environ 1 minute. Saupoudrer de ½ tasse de sucre. Retirer de la chaleur. Verser immédiatement le rhum ou le brandy sur le mélange de fruits. Allumer immédiatement avec une longue allumette. Laisser brûler jusqu'à ce que la flamme s'éteigne d'elle-même. À la louche, verser le mélange de fruits sur la glace. Servir immédiatement.

Tarte Huguenote

Version au wok d'une vieille recette Charleston plus savoureuse que ne l'était l'originale.

6 portions

2 gros œufs
1 tasse de sucre
¾ tasse de farine tout usage
1 cuil. à café de poudre à pâte
1 cuil. à café de cannelle moulue
½ cuil. à café de muscade moulue
1 cuil. à café de poivre noir,
  grossièrement moulu

¼ cuil. à café de clou de girofle moulu
1 tasse de pommes à tarte pelées,
  finement hachées
¾ tasse de noix hachées
¼ tasse de raisins
1 cuil. à café d'extrait de vanille
De la crème fouettée ou
  de la glace à la vanille

Beurrer légèrement un plat à cuisson carré de 20 cm allant au four. Mettre de côté. Dans un bol de grandeur moyenne allant au four, mélanger les œufs et le sucre. Placer ce mélange au dessus et non dans une marmite d'eau bouillante. Battre le mélange œufs et sucre avec un mélangeur électrique ou au fouet jusqu'à ce que le sucre soit dissous et que le mélange ait doublé de volume. Retirer le bol de la marmite. Tamiser ensemble, la farine, la poudre à pâte, la cannelle, la muscade, le clou de girofle et le poivre. Incorporer le mélange de farine dans le mélange d'œuf. Ajouter les pommes, les noix et les raisins. Ajouter la vanille. Étendre la pâte dans le plat à cuisson préparé. Placer une grille dans le wok. Verser de l'eau dans le wok jusqu'à 2,5 cm sous la grille. Amener l'eau à ébullition légère à feu moyen. Placer le plat sur la grille. Couvrir sans serrer avec une feuille de papier aluminium. Couvrir le wok ; cuire à la vapeur 30 minutes. Refroidir la tarte dans le plat sur une grille, 10 minutes. Couper la tarte refroidie en carrés. Utiliser une spatule pour déposer les carrés sur des assiettes individuelles. Servir chaud ou à la température de la pièce. Couronner chacune des portions avec de la crème fouettée sucrée ou de la crème glacée.

Beignets aux Bananes

Un délice inoubliable !

16 Beignets

Sauce à l'Orange et aux Abricots ci-dessous
16 enveloppes de won ton
2 petites bananes grossièrement hachées

1 cuil. à soupe de jus de citron
2 cuil. à soupe de sucre brun
De l'huile à friture

Sauce à l'Orange et aux Abricots :
½ tasse de confiture d'abricots
2 cuil. à soupe de sucre
½ tasse de jus d'orange
2 cuil. à café de fécule de maïs

2 cuil. à soupe d'eau
1 cuil. à soupe de liqueur d'orange ou 2 cuil. à soupe de sucre plus 2 ou 3 gouttes d'essence d'orange

Préparer la sauce à l'orange et aux abricots. Mettre de côté. Pour empêcher que les enveloppes ne se dessèchent, en préparer seulement 6 à la fois. Conserver les beignets et les enveloppes recouverts d'un linge humide jusqu'au moment de les frire. Dans un petit bol enduire les bananes du mélange de jus de citron et de sucre brun. Disposer les enveloppes de won ton sur une surface unie. À la cuillère, déposer 1 cuillerée à soupe de mélange de banane dans le centre de chaque enveloppe. Brosser les bords des enveloppes avec de l'eau. Replier en triangles par dessus la garniture. Presser les bords ensemble pour sceller. Verser 3,5 cm d'huile à friture dans le wok. Faire chauffer l'huile à 175°C (350°F). Frire 2 ou 3 beignets à la fois dans l'huile chaude jusqu'à obtention d'un brun doré. Égoutter sur du papier absorbant. Couronner de sauce à l'orange et aux abricots.

Sauce à l'Orange et aux Abricots :

Dans une petite casserole, mélanger la confiture d'abricot, 2 cuillerées à soupe de sucre et le jus d'orange. Brasser à feu doux jusqu'à ce que le sucre se dissolve et que le mélange soit chaud. Dans un petit bol, mélanger la fécule de maïs et l'eau. Ajouter le jus d'orange et brasser jusqu'à épaississement. Retirer du feu. Ajouter la liqueur d'orange ou le sucre et l'extrait d'orange. Servir chaud ou à la température de la pièce. Donne environ 1 tasse.

Tarte au Fromage à l'Orange

Une tarte dans un wok ? Incroyable en effet ! Crémeuse, douce et riche.

¹/₃ tasse de beurre	2 cuil. à soupe de marmelade d'oranges
1¼ tasse de gaufrettes au chocolat, émiettées	2 cuil. à soupe de liqueur d'orange
	1 tasse de crème sure
250 g de fromage en crème réchauffé	2 cuil. à soupe de sucre brun
¹/₃ tasse de sucre granulé 2 œufs	2 oranges

Beurrer une assiette à tarte de 22 cm. Mettre de côté. Faire fondre ¹/₃ tasse de beurre dans un petit poêlon. Y ajouter les miettes de chocolat. Presser le mélange de miettes de chocolat dans le fond et sur les côtés d'un plat à tarte. Mettre de côté. Dans un bol moyen, battre le fromage en crème jusqu'à ce qu'il gonfle. Tout en battant, ajouter graduellement ¹/₃ tasse de sucre granulé jusqu'à ce que le mélange soit homogène. Ajouter les œufs un à la fois, en battant bien après chaque addition. Incorporer la marmelade et la liqueur d'orange. À la cuillère étendre uniformément le mélange sur les miettes. Placer une grille dans le wok. Verser de l'eau dans le wok jusqu'à 2,5 cm sous la grille. Amener à ébullition légère à feu moyen. Placer le plat à tarte sur la grille. Couvrir sans serrer avec une feuille de papier aluminium. Couvrir le wok ; cuire à la vapeur 30 minutes. Dans un petit bol, mélanger la crème sure et le sucre brun. Étendre uniformément sur la surface de la tarte cuite à la vapeur. Cuire 5 minutes de plus. Refroidir sur une grille, 5 minutes. Réfrigérer une heure ou jusqu'à refroidissement. Peler les oranges et retirer la peau blanche. Couper les oranges en tranches minces. Couper chaque tranche en 4 quartiers. Placer les quartiers d'oranges sur le dessus de la tarte. Servir froid. 6 à 8 portions.

Tarte au Fromage et aux Cerises

Un façon certaine, sinon la plus certaine, de vous créer la réputation de faire des desserts fabuleux.

Un fond de Biscuits Graham sans cuisson, voir ci-dessous	½ tasse de mayonnaise
	2 œufs
225 g de fromage en crème ramolli	2 cuil. à café de pelure de citron râpé
½ tasse de sucre	450 g de garniture à tarte aux cerises

Fond de biscuits Graham sans cuisson :

¼ tasse de beurre, ramolli	1¼ tasse de miettes de biscuits Graham

Préparer le fond de Biscuits Graham. Réfrigérer jusqu'à ce qu'il soit froid et ferme, environ 30 minutes. Dans un grand bol, mélanger le fromage en crème, le sucre, la mayonnaise, les œufs et la pelure de citron. Battre doucement au mélangeur électrique ou avec un fouet jusqu'à parfait mélange. Verser le tout dans le fond de tarte. Placer une grille dans le wok. Verser de l'eau dans le wok jusqu'à 2,5 cm sous la grille. Amener à ébullition légère à feu moyen. Placer le plat à tarte sur la grille. Couvrir le wok. Cuire à la vapeur, de 25 à 30 minutes ou jusqu'à ce qu'un couteau inséré dans le centre en ressorte propre. Faire refroidir. Couronner avec la garniture pour tarte aux cerises. Donne 8 portions.

Fond de Biscuit Graham :

Dans une petite casserole, faire fondre le beurre à feu doux. Y ajouter les miettes de biscuits et bien mélanger. Étendre le mélange sur le fond et sur les côtés d'un plat à tarte de 22 cm.

Comment Préparer des Pêches Glacées

Placer les demi-pêches, le côté coupé vers le bas, dans un plat rond de 20 cm allant au four. Saupoudrer de sucre brun et arroser de rhum.

2. Décorer les pêches avec des gélatines de différentes couleurs.

Pêches Glacées

Tout aussi spectaculaires à regarder que délicieuses à manger

**6 pêches fraîches ou
  12 demi-pêches en boîte
De l'eau bouillante
2 cuil. à soupe de sucre brun
2 cuil. à soupe de rhum pâle ou brun**

**1 cuil. à soupe de poudre de gélatine à
  saveur de fraise ou de cerise
1 cuil. à soupe de poudre de gélatine à
  la saveur de limette
1 cuil. à soupe de poudre de gélatine à
  la saveur d'orange**

Plonger les pêches dans une marmite d'eau bouillante, 1 à la fois. Tenir les pêches sous l'eau courante froide et en faire glisser la peau, puis les couper en deux et retirer les noyaux. Si on utilise des pêches en boîtes, égoutter sur du papier absorbant. Placer chaque demi-pêche, le côté coupé vers le bas, dans un plat rond de 20 cm allant au four. Saupoudrer de sucre brun et arroser de rhum. Placer une grille dans le wok. Verser de l'eau dans le wok jusqu'à 2,5 cm sous la grille. Amener à ébullition légère à feu moyen. Placer le plat sur la grille. Couvrir le wok. Cuire à la vapeur, jusqu'à ce que les pêches soient tendres ou assez longtemps pour qu'il soit facile de les piquer avec la pointe d'une fourchette, de 5 à 8 minutes. Les pêches en boîtes ne doivent être cuites que le temps nécessaire pour dissoudre le sucre, de 3 à 4 minutes. Retirer le plat du wok. Saupoudrer la surface des pêches avec les gélatines de façon fantaisiste. 6 portions.

Variations : Substituer un mélange de fruits aux pêches.

Gâteau Soufflé au Rhum et au Chocolat

Vous pouvez préparer ce riche dessert au chocolat plusieurs heures avant de le servir.

1 cuil. à soupe de sucre pour le plat à
  soufflé
6 cuil. à soupe de beurre non salé, à la
  température de la pièce
½ tasse de sucre

¾ tasse de farine tout usage
¼ tasse de noix finement hachées
1 tasse de lait — 4 œufs, séparés.
¼ tasse de rhum léger
40 g de chocolat à cuisson, semi-doux

Beurrer légèrement un plat à soufflé de 2 litres. Saupoudrer d'une cuillerée à soupe de sucre et incliner le plat pour répartir uniformément ; mettre de côté. Dans un bol de grosseur moyenne, battre le beurre en crème jusqu'à ce qu'il soit léger et gonflé. Avec un mélangeur électrique, ajouter en battant ½ tasse de sucre, la farine et les noix hachées. Dans une casserole de 2 litres, mélanger le lait, le rhum et le chocolat. Brasser constamment à feu modéré jusqu'à ce que le chocolat soit fondu. En battant lentement, ajouter le mélange de chocolat au mélange de farine. Ramener le mélange dans la casserole. Brasser constamment à feu doux, 1 à 2 minutes. Retirer du feu. Dans un petit bol, battre légèrement les jaunes d'œufs. Brasser constamment en ajoutant environ ½ tasse de mélange de chocolat chaud. Incorporer le mélange de jaune d'œufs au reste de mélange au chocolat. Bien mélanger. Refroidir à la température de la pièce. Placer la grille dans le wok. Verser de l'eau dans le wok jusqu'à 2,5 cm sous la grille. Amener à ébullition légère à feu modéré. Dans un bol propre de grandeur moyenne, battre les blancs d'œufs jusqu'à ce qu'ils soient fermes mais non secs. Incorporer dans le mélange au chocolat. Le verser dans le plat à soufflé. Placer le plat sur la grille dans le wok. Couvrir le wok, cuire à la vapeur, 30 minutes. Placer le plat sur la grille pour refroidir. Refroidir à la température de la pièce. Renverser le plat et le gâteau sur un petit plateau. Retirer le plat. Donne 8 portions.

Gâteau du Mississipi

Des barres de chocolat forment le glaçage

8 portions

1½ tasse de sucre
½ tasse de poudre de cacao non sucré
1½ tasse de farine tout usage
2 cuil. à café de poudre à pâte
½ cuil. à café de sel
¾ de tasse de beurre, à la température
  de la pièce

½ tasse de crème à fouetter, à la
½ tasse de café au percolateur à la
  température de la pièce
4 œufs, à la température de la pièce
1 cuil. à café d'extrait de vanille
120 g de barres de chocolat au lait
½ tasse de noix hachées

Beurrer et enfariner un plat à cuisson carré de 20 cm. Mettre de côté. Dans un grand bol, mélanger le sucre, la poudre de cacao, la farine, la poudre à pâte et le sel. Ajouter le beurre, la crème, le café, les œufs et la vanille. Battre avec un mélangeur électrique à vitesse moyenne 2 minutes, en raclant souvent le bol. Verser dans le plat préparé. Placer une grille dans le wok. Verser de l'eau dans le wok jusqu'à 2,5 cm sous la grille. Amener l'eau à ébullition légère à feu modéré. Placer le plat sur la grille. Couvrir le wok. Cuire à la vapeur, 30 minutes. Ajouter de l'eau bouillante, si nécessaire. Cuire 15 minutes de plus. Retirer le couvercle du wok. Briser les barres de chocolat en morceaux. Disposer sur le dessus du gâteau chaud. Replacer le couvercle sur le wok. Cuire à la vapeur 30 secondes. Placer le plat sur une grille pour refroidir. Étendre le chocolat ramolli à la spatule pour glacer le gâteau. Le saupoudrer de noix. Refroidir à la température de la pièce avant de servir. Pour servir, couper en carrés.

Pudding Antillais du Mardi-Gras

Une merveilleuse saveur des Tropiques

12 portions

2 cuil. à soupe de noix finement hachées
½ tasse de beurre, à la température de la pièce
½ tasse de jus d'orange, à la température de la pièce
1 œuf entier, à la température de la pièce
1 jaune d'œuf, à la température de la pièce

¾ tasse de sucre brun
½ tasse de miettes de biscuits Graham
1 tasse de farine tout usage
½ cuil. à café de poudre à pâte
½ cuil. à café de bicarbonate de soude
1 boîte de 225 g d'ananas écrasées
2 cuil. à soupe de marmelade d'orange
Glaçage à l'orange et à l'ananas voir ci-dessous

Glaçage à l'Orange et à l'Ananas

¾ tasse de marmelage d'orange
2 cuil. à soupe de brandy ou de jus de citron

Beurrer généreusement un plat à cuisson de 20 cm. Saupoudrer le côté et le fond avec les noix hachées. Dans un grand bol, mélanger les ingrédients qui restent, sauf le glaçage à l'orange et à l'ananas. Battre au mélangeur électrique à vitesse modérée, 2 minutes. Râcler souvent le bol. Placer une grille dans le wok ; verser de l'eau dans le wok jusqu'à 2,5 cm sous la grille. Amener l'eau à ébullition légère à feu moyen. Placer le plat sur la grille. Couvrir le wok. Cuire à la vapeur 45 minutes ou jusqu'à ce que le centre du gâteau rebondisse au toucher. Ajouter l'eau bouillante au wok si nécessaire. Placer le plat sur une grille pour refroidir, 10 minutes. Préparer le glaçage à l'orange et à l'ananas. Mettre de côté et garder au chaud. Renverser le gâteau refroidi sur un plateau de service. Retirer le plat. Percer le gâteau 12 à 15 fois avec un petit couteau. Verser lentement le glaçage chaud sur le gâteau chaud. À la cuillère prendre le glaçage qui s'accumule sur l'assiette et le mettre sur le gâteau jusqu'à ce que le liquide soit absorbé.

Glaçage à l'Orange et à l'Ananas

Dans une petite casserole, mélanger la marmelade et le brandy ou le jus de citron. Brasser à feu modéré jusqu'à ce que la marmelade soit fondue mais encore épaisse. Donne ¾ tasse.

Conseil

Si votre wok a un fond plat, vous n'avez pas besoin d'un anneau de métal. Placer le tout simplement sur l'élément.

Gâteau au Fromage et au Tofu

Ce gâteau au fromage est un dessert prodigieusement faible en calories.

3 cuil. à soupe de beurre
1 tasse de miettes de biscuits Graham
1 boîte de 400 g d'ananas, en gros morceaux dans leur jus
2 œufs
½ tasse de sucre

½ cuil. à café d'extrait de vanille
½ cuil. à café de pelure de citron râpée
225 g de tofu émietté
225 g de fromage Neufchâtel
½ tasse de yaourt à la vanille
Des cerises au marasquin pour garnir

Dans une petite casserole, faire fondre le beurre à feu doux. Y ajouter les miettes de biscuits Graham. Presser le mélange de miettes dans le fond et sur les côtés d'un plat à tarte de 20 cm. Réfrigérer jusqu'à consistance ferme. Égoutter les ananas et conserver le jus dans le mélangeur. Mettre les ananas de côté. Ajouter les œufs, le sucre, la vanille et la pelure de citron au jus. Mélanger 2 ou 3 secondes. Si on utilise un robot culinaire, ajouter le tofu et le fromage Neufchâtel. Mélanger jusqu'à consistance lisse. Si on utilise un mélangeur, ajouter la moitié du tofu et la moitié du fromage Neufchâtel. Mélanger jusqu'à consistance lisse. Ajouter le reste du tofu et du fromage. Mélanger jusqu'à consistance lisse. Verser le mélange de tofu dans la croûte froide. Placer une grille dans le wok. Verser de l'eau dans le wok jusqu'à 2,5 cm sous la grille. Amener à ébullition légère à feu modéré. Placer le plat à tarte sur la grille. Couvrir le wok. Cuire à la vapeur 30 minutes ou jusqu'à ce qu'un couteau inséré dans le centre en ressorte propre. Refroidir 3 minutes. Étendre le yaourt à la vanille sur le mélange de tofu cuit. Garnir de morceaux d'ananas égouttés et de cerises. Réfrigérer 30 minutes ou jusqu'à refroidissement. Donne 8 portions.

Pommes au Caramel

Aussi scintillantes et irrésistibles qu'un arbre de Noël.

4 portions

4 pommes à cuisson
½ tasse d'eau
1½ tasse de bonbons rouges à la cannelle

½ tasse de rhum léger
3 ou 4 cuillerées à soupe de sucre
Un bâtonnet de menthe en bonbon

Peler les pommes environ aux ⅔ en partant de la queue. Découper les trognons et les jeter. Déposer les pommes, la queue vers le bas dans un plat en verre carré de 20 cm pouvant aller au four. Verser l'eau dans le plat. Remplir le centre des pommes avec les bonbons à la cannelle. Verser le rhum sur le dessus des bonbons en le laissant déborder sur les pommes. Parsemer de quelques bonbons à la cannelle le dessus du plat. Installer une grille dans le wok. Verser de l'eau dans le wok jusqu'à 2,5 cm sous la grille. Amener à ébullition légère à feu moyen. Placer le plat sur la grille. Couvrir le wok. Cuire à la vapeur jusqu'à ce que les pommes soient assez tendres pour qu'on puisse les couper avec une cuillère à dessert, de 15 à 20 minutes. Refroidir légèrement. Réfrigérer jusqu'à ce que le mélange soit froid, environ 1 heure. Pour servir, placer chaque pomme sur une assiette à dessert individuelle. Arroser de jus de cuisson. Avant de servir, secouer du sucre à travers un petit tamis sur le dessus et les côtés de chaque pomme. Remplir le centre de bonbons à la cannelle. Placer un court et un long bâtonnet de menthe dans chaque pomme. Donne 4 portions.

Gâteau Meringué de Fête

Servir immédiatement après la dinde juteuse et toutes ses garnitures.

8 portions

½ tasse de fruits confits mélangés, finement coupés en dés
¼ tasse de rhum léger ou de brandy
1 cuil. à soupe de sucre
½ cuil. à café de poudre de gélatine sans saveur
3 cuil. à soupe d'eau

9 blancs d'œufs à la température de la pièce
1 tasse de sucre
2 cuil. à café de pelure de citron râpée
½ tasse de sucre
½ tasse d'amandes rôties, en lamelles

Dans un petit bol, mélanger les fruits et le rhum ou le brandy. Faire mariner à la température de la pièce, 1 ou 2 heures. Beurrer généreusement un moule à charlotte de 12 tasses. Saupoudrer 1 cuillerée à soupe de sucre ; incliner pour répartir uniformément. Dans une petite casserole, saupoudrer la gélatine sur de l'eau. Laisser reposer 5 minutes pour ramollir. Brasser le mélange de gélatine à feu doux jusqu'à ce qu'il soit clair. Refroidir légèrement. Dans un grand bol, mélanger les blancs d'œufs, le mélange de gélatine refroidi et 1 cuillerée à café de la marinade du mélange de fruits. Battre au mélangeur électrique à haute vitesse jusqu'à ce que les blancs soient mousseux. Ajouter 1 tasse de sucre, 1 cuillerée à la fois, en battant bien après chaque addition. Battre jusqu'à ce que le mélange forme des pics solides et luisants. Égoutter les fruits et conserver la marinade. Incorporer les fruits égouttés et la pelure de citron dans le mélange de blancs d'œufs. À la cuillère, mettre dans la casserole préparée. Lisser la surface. Installer une grille dans le wok. Verser de l'eau dans le wok jusqu'à 2,5 cm sous la grille. Amener à ébullition légère à feu modéré. Placer la casserole sur la grille. Couvrir le wok et cuire à la vapeur 45 minutes ou jusqu'à ce que le dessus de la meringue semble sec au toucher. Ajouter de l'eau bouillante au wok si nécessaire. Refroidir 5 minutes sur une grille. La meringue rétrécira d'environ 2,5 cm. Renverser le moule refroidi et le gâteau sur un grand plat de service. Retirer le moule. Refroidir à la température de la pièce. Dans une petite casserole, mélanger ½ tasse de sucre et la marinade précédemment conservée. Brasser constamment à feu modéré jusqu'à ce que le mélange soit brun doré. Saupoudrer le gâteau d'amandes. À la cuillère, déposer le mélange de sucre chaud sur le dessus et les côtés du gâteau. Mettre de côté 20 minutes pour permettre au glaçage de durcir. Pour servir, passer la lame d'un couteau sur le glaçage au caramel d'un mouvement vif, puis couper la meringue. Donne 8 portions.

Conseil

Faire attention au niveau de l'eau quand vous cuisez des aliments à la vapeur. Si le wok se dessèche, les aliments ne seront pas cuits convenablement et le wok risque de s'abîmer.

Biscuits Spongieux

Une autre façon vraiment fantastique d'utiliser les enveloppes de won ton.

24 enveloppes de won ton
½ tasse de noix hachées, de cacahuètes ou de noix de pécan
½ tasse de noix de coco en flocons ou émiettée

Environ 2 cuil. à soupe de miel
De l'eau
Huile à friture
Sucre à glacer

Dans un petit bol, mélanger les noix et le coco. Ajouter suffisamment de miel pour que le mélange soit bien ferme. Sur le centre d'une enveloppe de won ton, déposer une cuillerée à soupe de mélange de noix. Utiliser un pinceau à pâtisserie ou les doigts pour humecter les bords de l'enveloppe avec de l'eau. Couronner avec une deuxième enveloppe de won ton. Presser fortement les bords ensemble pour les sceller. Préparer 6 biscuits spongieux à la fois pour la friture. Couvrir les enveloppes de won ton et les biscuits préparés d'un linge humide jusqu'au moment de la friture. Verser 3 cm d'huile à friture dans le wok. Faire chauffer l'huile à 175°C (350°F). Frire 2 ou 3 biscuits spongieux à la fois dans l'huile. Frire jusqu'à ce qu'ils soient gonflés et d'un brun doré, environ 1 minute. Égoutter sur du papier absorbant. Saupoudrer avec du sucre en poudre. Répéter avec les enveloppes de won ton et la garniture qui restent. Donne 12 biscuits.

Omelettes Alaska

Le wok vous permet de garder une chaleur vive et constante et facilite la préparation de ce dessert de gourmets

Environ ½ tasse de glace à la vanille
4 cuil. à café de fécule de maïs
¼ tasse de rhum léger ou de sherry sec
4 œufs extra gros, légèrement battus

Environ 1 cuil. à café d'huile
¼ tasse de beurre
Sucre en poudre

Sortir la glace à la vanille du congélateur pour la ramollir légèrement. Couper 4 carrés de papier ciré de 10 cm. Étendre environ 2 cuillerées à soupe de crème glacée sur chaque carré de papier ciré. Rouler la crème glacée dans le papier ciré, ce qui donne un cylindre d'environ 3,5 cm × 1 cm de diamètre. Placer sur une plaque de métal ou sur du papier d'aluminium. Répéter avec le reste de la crème glacée et du papier ciré. Placer au congélateur jusqu'à consistance ferme, de 1 à 2 heures. Dans un petit bol, mélanger la fécule de maïs et le rhum ou le sherry. Battre jusqu'à consistance lisse. Battre les œufs jusqu'à parfait mélange. Mettre de côté. Placer le wok à feu vif. Ajouter quelques gouttes d'huile. L'étendre avec un morceau de papier absorbant, sur le fond et les côtés du wok. Ajouter 1 cuillerée à soupe de beurre et la faire chauffer jusqu'à ce qu'elle grésille. Battre à nouveau le mélange d'œufs. Verser un quart du mélange d'œufs dans le wok. Pencher le wok pour étendre le mélange uniformément dans le fond et sur les côtés du wok. Cuire, sans brasser, jusqu'à ce que le dessus de l'omelette soit presque sec. Retirer le papier d'un des rouleaux de glace à la vanille. Placer la glace juste à côté du milieu de l'omelette, vers soi. Replier rapidement l'omelette sur la crème glacée. Pencher le wok, à l'opposé de soi. Avec une spatule de métal, soulever rapidement l'omelette du wok et la déposer sur un plat de service. Saupoudrer de sucre en poudre. Servir immédiatement. Répéter avec les ingrédients qui restent. Donne 4 portions.

Gâteau Renversé à l'Orange

Aussi fascinant qu'un mirage.

1 grosse orange ou 2 moyennes
1 tasse de sucre
¾ tasse d'eau
¼ tasse de brandy
1 cuil. à soupe de sucre pour le moule
   rond
1¼ tasse de farine tout usage
3 cuil. à soupe de beurre non salé

5 œufs, à la température de la pièce
⅔ tasse de sucre
1 cuil. à café d'extrait d'orange
1 cuil. à soupe d'imitation d'essence de
   brandy
1 cuil. à café de pelure d'orange râpée
¼ tasse de brandy

Couper les oranges en tranches minces et conserver les morceaux des extrémités. Mettre 8 tranches de côté. Couper chacune des tranches qui restent en 4 quartiers. Dans une casserole de grandeur moyenne, mélanger 1 tasse de sucre et l'eau. Amener à ébullition à feu vif. Réduire à feu doux. Ajouter les tranches et les quartiers d'oranges. Faire cuire à feu doux, 1 heure. Incorporer ¼ tasse de brandy. Verser dans un bol de grosseur moyenne. Presser le jus des morceaux d'oranges mis de côté. Ajouter le jus au mélange d'oranges cuit. Couvrir et réfrigérer de 6 à 8 heures ou toute la nuit. Beurrer généreusement un moule rond de ¾ litre. Saupoudrer de 1 cuillerée à soupe de sucre. Incliner pour distribuer le sucre uniformément. Enlever l'excès de sucre. Réfrigérer jusqu'à ce que le beurre soit ferme. Égoutter les tranches d'oranges ; conserver le sirop. Sur du papier absorbant, laisser les tranches d'oranges cuites s'assécher. Disposer les tranches d'oranges côte à côte dans le fond du moule. Disposer les quartiers d'orange de façon décorative le long des côtés du moule. Mettre de côté. Tamiser la farine sur du papier ciré. Mettre de côté. Dans une petite casserole, faire fondre le beurre non salé à feu doux. Mettre de côté pour refroidir. Installer une grille dans le wok. Verser de l'eau dans le wok jusqu'à 2,5 cm sous la grille. Amener l'eau à ébullition légère à feu moyen. Pendant que l'eau chauffe, préparer le mélange aux œufs. Dans un grand bol, battre les œufs, ⅔ de tasse de sucre, l'extrait d'orange et l'essence de brandy, jusqu'à obtenir un parfait mélange. Placer le bol, au-dessus et non dans une casserole d'eau bouillante. Battre avec un mélangeur électrique ou au fouet, 1 minute. Retirer le bol de la casserole. Battre le mélange d'œufs à haute vitesse, pendant 5 minutes ou jusqu'à ce qu'il épaississe, environ trois fois son volume. Ajouter la farine tamisée puis le beurre fondu. Incorporer la pâte dans le moule. Placer sur la grille dans le wok. Couvrir le wok. Cuire à la vapeur 30 minutes ou jusqu'à ce que le mélange s'écarte légèrement du côté du moule et qu'un couteau inséré dans le centre en ressorte propre. Placer le moule sur une grille de refroidissement. Faire refroidir 5 minutes. Renverser sur un plateau de service. Verser le sirop d'orange dans une petite casserole. Amener à ébullition à feu vif. Faire bouillir jusqu'à réduction de moitié, de 5 à 8 minutes. Retirer du feu. Incorporer la pelure d'orange et ¼ de tasse de brandy. À la cuillère, répandre le sirop chaud sur le dessus et le côté du gâteau. Refroidir le gâteau avant de le trancher. Donne un gâteau de 8 morceaux.

___Comment Préparer le Gâteau Renversé à l'Orange___

1. Beurrer généreusement un moule rond de ¾ de litre. Saupoudrer d'une cuillerée à soupe de sucre. Pencher le moule pour répartir le sucre.

2. Égoutter et assécher les tranches d'oranges. Disposer les tranches d'orange au fond du moule et les quartiers sur les bords.

Gâteau aux Graines de Pavot du Sud-Est

À conserver dans le congélateur pour régaler les visiteurs inattendus.

12 tranches minces

¼ tasse de graines de pavot
¾ tasse de lait
1 cuil. à soupe de sucre brun pour le
    plat à cuisson
¾ tasse de beurre, à la température de
    la pièce

3 œufs, à la température de la pièce
1¼ tasse de sucre granulé
1 cuil. à café d'extrait de vanille
2 cuil. à café de poudre à pâte
2 tasses de farine tout usage
Crème fouettée, sucrée, si désiré

Dans un grand bol mélanger les graines et le lait. Laisser reposer à la température de la pièce, 4 heures. Beurrer un plat à cuisson carré de 20 cm. Saupoudrer uniformément de sucre brun. Placer une grille dans le wok. Verser de l'eau dans le wok jusqu'à 2,5 cm sous la grille. Amener l'eau à ébullition légère à feu moyen. Au mélange de lait, ajouter le beurre, les œufs, le sucre granulé, la vanille, la poudre à pâte et la farine. Battre au mélangeur électrique à vitesse moyenne, 1 minute. À la cuillère, déposer dans un plat préparé. Placer le plat sur la grille. Couvrir le wok ; cuire à la vapeur, 30 minutes. Ajouter de l'eau bouillante au wok, si nécessaire. Cuire à la vapeur 30 minutes de plus ou jusqu'à ce que le centre rebondisse au toucher. Refroidir 5 minutes sur une grille. Passer une spatule de métal le long du bord du plat. Renverser le plat et le gâteau sur un plat de service. Retirer le plat. Servir nature ou avec de la crème glacée, si désiré. Donne 12 tranches fines.

Index

Note : Les informations contenues dans cet ouvrage sont vraies et complètes au meilleur de notre connaissance. Les recommandations qui y sont contenues sont faites sans garantie; l'auteur et l'éditeur déclinent toute responsabilité quant à l'information donnée par cet ouvrage.
Depósito legal: B. 28735-84